やせる部屋

ダイエットアドバイザー
清水理恵

飛鳥新社

やせる部屋には法則があります。
部屋に身を置くだけで、やせるからだを取り戻す。
2万人の女性のからだと
向き合ってきた私が編み出したメソッドです。

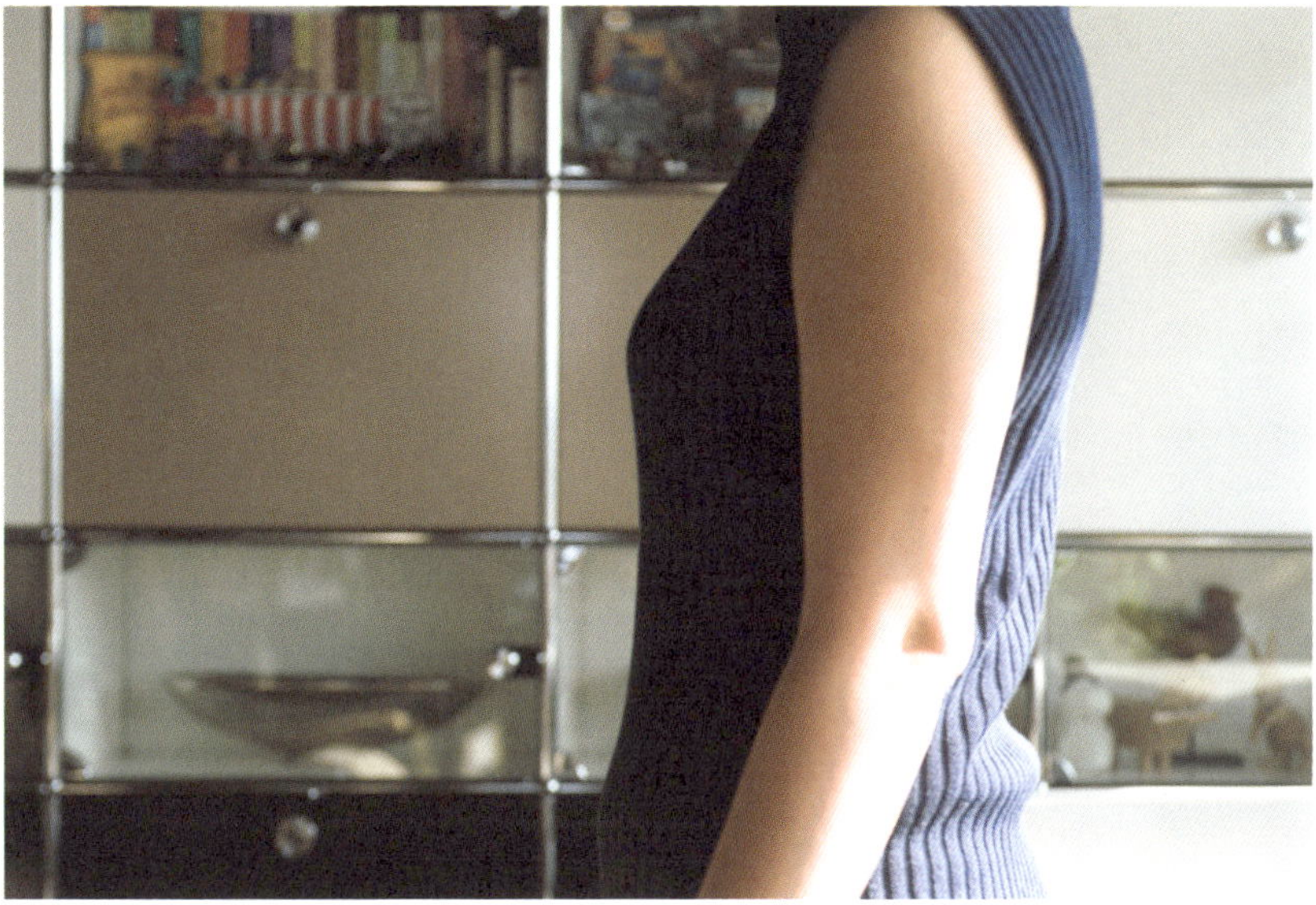

リビングに植物を置いて
やせホルモンを出す

目次

ダイエットアドバイザーとして、エステサロンに在籍していた20歳の頃から、2万人以上の女性のからだと向き合い、女性のダイエットを成功に導いている私にも、実は過去にダイエットで悩んでいた時期があります。

私は20歳の時、美を追求するエステティシャンになり、皮膚学、栄養学、大脳生理学、ホルモン学、リンパマッサージを勉強しました。

その後、サロンの店長という立場もあって、コーチングを学び、体型は体重46kgの美容体型をキープ。しかしながら28歳の時、体調を崩したことがきっかけで60kgに、なんと13kgも太ってしまったのです。

お客様に体型のことをからかわれたり、ダイエットコースの営業をしても契約に繋がらなかったり……、太っているエステティシャンの言葉に説得力があるはずがありません。

いつもイライラしていて、些細なことで怒ったりするなど、うまくいかない時期を過ごしていました。

「もう一度、健康でやせていた頃に戻りたい」。心からそう思った私は、試行錯誤を繰り返すうちに、やせるメソッドを見つけ、47kgまで体重を落とすことに成功しました。

この出来事をきっかけに私はエステサロンを退職し、ダイエットアドバイザーとして独立。以来、たくさんの素敵な出会いにも恵まれ、美しくやせて喜ぶお客様の笑顔を見るのが私の幸せになりました。

私が直接サポートしてきた150名以上の女性だけでなく、そのメソッドを公開しているブログやメルマガの読者からも、「初めてダイエットに成功した」「リバウンドもなく維持できている」「辛いことがなく、楽しいダイエットでした」と感謝のメールをたくさんいただいています。

そんな私が考え出したダイエットメソッドのうち、いちばん簡単にできて効果が高い方法をご紹介するのが、本書「やせる部屋」です。

食事や運動、骨盤矯正やマッサージなど、何を試してもやせない、そんな人にこそぜひともお伝えしたい、究極のメソッドといってよいでしょう。

最大の特徴は、あなた自身のお部屋のレイアウトや、身の回りの物の選び方を通じて、視覚から脳や意識を変えていき、ひいてはからだにも変化をもたらすメソッドであるという点です。

一日の中で、いちばん長い時を過ごす場所は自宅です。

一日の大半を過ごす大切な場所は、あなたの視界にはどのように映っていますか。視界に入ったあなたの部屋は、あなたの意識に影響します。あなたの意識はあなたの脳に影響します。そして、あなたの脳はあなたのからだに影響するのです。

以前エステサロンで働いている時に、お客様が笑顔でこうおしゃっていました。

「ここに来るとなんだか姿勢もよくなるし、不摂生に気をつけようと思うわ」

エステは日頃の疲れを癒してもらえるように非日常的な空間づくりを大切にしています。スッキリとした空間に、花を生けて、心地よい時間を過ごしてもらう工夫です。

エステや美容室にいるその時だけでなく、普段過ごしている自宅をやせる部屋に変えていけば、どうでしょうか。

本書では、実際にやせる効果があった部屋の写真をお見せしながら、誰にでもできるルールを紹介していきます。

からだが理想的な変化を見せるのはもちろん、内面にも効果が現れることでしょう。きっとその効果は、この本を読んでいる間にも感じられるはずです。

やせる部屋をきっかけにあなたの人生が、益々健康で美しくなりますように。

1章

部屋を変えればやせられる

なぜダイエットに失敗してしまうのか

今あなたは、どのような理由でこの本を手に取られていますか？　「やせる部屋」という一風変わったタイトルから好奇心に駆られて？　それとも、これまでどのダイエット法でもうまくいかず、新たな方法を探していたから？

世の中にこれだけ多くのダイエット法が存在しながら、なぜ失敗してしまうのでしょうか？　本題に入る前に、ダイエットが失敗する原因について考えてみましょう。

ダイエットに失敗するおもな原因は「リバウンド」と「ストレス」です。

私のもとを訪れる女性たちは、皆さん努力家で、情報感度が高く、様々なダイエットに挑戦されています。人によって挑戦しているダイエットは異なりますが、どんな方法であれ、ある程度まではやせられているように思われます。

そんな彼女たちの大きな悩みがリバウンドです。せっかくやせたのに、なぜ、リバウンドしてしまうのでしょうか。リバウンドの原因、それは元気なからだを維持するための「安全装置」のせいです。例えば、今まで食べていた摂取カロリーから、半分減らす。そうすると1ヶ月もすれば、からだは足りないエネルギーをどうにか補おうとして、筋肉や脂肪を燃やします。その結果、減量するのです。

しかし、その食生活をずっと続けるわけにはいきません。必要な栄養が摂れていないので、体力が落ちて運動量が減ります。筋力がおとろえることで、腸の動きも悪くなり、便秘になったり、血行が悪くなり、からだが冷えてむくんだりします。免疫力も落ちてしまうので、風邪もひきやすくなるでしょう。

そこで今度は体力を戻すために、食事量を増やす。からだは「やっと栄養を入れてくれた」と吸収力をあげて、エネルギーを保管しようとします。これが、間違った食事制限のせいで、からだの代謝が落ち、やせにくくなってしまう仕組みです。いくら頑張っていても、ストイックな方法だけに、ストレスも相当でしょう。

ストレスが溜まれば暴飲暴食に繋がり、さらなる悪循環。これはダイエットが、脳の働きとも密接に関係していることに起因します。例えば、脳が分泌するホルモンのひとつであるセロトニンは、別名「ダイエットホルモン」と呼ばれ、食欲を適度に抑制してくれます。つまりこれを増やせば、からだは自然にやせていきます。

しかし、ストレスがかかると、このセロトニンが減ってしまうので、食欲のコントロールセンサーが狂ってしまい、暴飲暴食を引き起こしてしまうのです。

部屋はダイエットを成功に導く思考をつくる

ダイエット失敗の原因について理解できたところで、部屋とダイエットの関係について話を戻すことにしましょう。

エステの店長として働いていた時に出会ったお客様から、「片づけが苦手」「部屋が散らかっている」という言葉を度々聞きました。その言葉の通り、財布や鞄の中身はレシートやポイントカードで溢れかえっていました。

私自身のダイエットを振り返ってみても、体重が13kg増えていた時は、忙しさにかまけて年末に一度だけの拭き掃除しかしていませんでした。常に引き出しは散らかり、開けると奥の方から懐かしい写真やもう使わないであろうポイントカードがたくさん出てきました。

当時の私は「片づけとダイエットは関係しているのかも」と漠然と感じていましたが、独立してダイエットアドバイザーとして多くの女性のダイエットを支えていくうちに、「部屋とからだは繋がっている」と確信するエピソードに出会いました。

私がサポートをしていた57歳のNさんは、食事も運動もきちんと管理されていて、体重が落ちないのが不思議なくらい、頑張っていました。それなのにどうしても体重が減らなかったのです。サポートの仕事を始めて、こんなことは今までありませんでした。

サポートから1ヶ月経っても変化のないデータを見て、私は納得できませんでした。こうなったら徹底的に原因を調べて、絶対にやせさせてみせようと彼女の生活を詳しく聞いてみることにしました。

話をしていくうちに、彼女は悲しい出来事があった時に着ていた洋服や思い出の品、家具などをいまだに捨てられず、溜めこんでいるということがわかってきました。

つまり彼女がやせないのは、気持ちの整理がつけられず、部屋の片づけができなかったせいなのです。前向きに変わろうとする気持ちを、過去の悲しい出来事が邪魔しているのでしょう。

私は彼女に「部屋の片づけから始めましょう」と提案し、徹底的にチェック。クローゼットと靴棚を片づけて、なんと、ゴミ袋10袋分の洋服と靴、そして家具などを処分することになりました。

それからすぐ、彼女の体重に変化が現れました。全く減らなかった体重が急に4kg

も減ったのです！

私がサポートした43歳のOさんのケースも、それとよく似ています。彼女は食事制限やマッサージなどたくさんのダイエット法を取り入れていましたが、成果の出ないダイエットに疲れ切っていました。

私がサポートを始めてからも、1ヶ月間は体重の変化がありません。それでも私は、これ以上の食事制限や運動が必要だとは思いませんでした。

体重が変化しないことよりも、もっと大きな問題を感じたからです。それは、彼女がやせるための努力に対して、無意識のうちにネガティブな感情を持ってしまっていたこと。それが結果的に、ダイエットを阻害していたのです。

そこで彼女に、ポジティブな潜在意識を持ってもらうため、ダイエットへの意識改革を促しました。

Oさんの場合も、私がまずやってもらったのは、片づけ。具体的には、財布を綺麗にすることと、リビングの床の掃除をすることでした。

一見、ダイエットと全く無関係に思われるかもしれませんが、片づけを始めてしばらく経った頃、周りの方から「やせた?」と言われ始めたそうです。1ヶ月間、何をしてもやせなかった彼女に、変化が訪れたのは片づけをしてすぐのことでした。急に

4kgもストンと落ちたのです。

Oさんは60kgあった体重を、最終的に49kgまで減量することに成功しています。

20代女性のYさんも、やせる部屋を取り入れて、ダイエットに成功したひとりです。

当初、52kgあった彼女は、整理整頓が苦手でした。

そんな彼女でも、簡単に取り入れられるようにと、財布の中のレシートの処分から始めてもらいました。それから徐々に鞄やクローゼットなど、ひとつずつ、ステップアップしていき、4週間後には6kgの減量に成功。52kgあった体重を46kgにしました。

これまで色々なダイエットに挑戦してきた人は、すでにからだは整っている場合が多いのです。それならば、NさんやOさん、Yさんのようにあとは身の回りや部屋を綺麗にすることで潜在意識を「やせる潜在意識」へと変えていけばよいわけです。

こうしてダイエットが効率よく行なえる体質や意識をつくるために、私が体系立てたのが「やせる部屋」メソッド。一言で言うと、五感を通じてやせるための意識改革をするメソッドです。

やせる部屋にはダイエットに有効な暗示がたくさん潜んでいます。やせる部屋で生活することによって、思考や潜在意識のベクトルが自然とダイエットに向くのです。

するとお通じがよくなったり、いつもより汗が出始めたり、寝つきがよくなってきたりとからだの変化が自覚できるようになり、そうなってくるとさらに強く意識改革へと気持ちが向くようになります。

それだからでしょうか、やせるだけではなく、運もよくなったという声をいただくことがあります。

仕事が増えた、彼氏ができた、結婚したなど、人によって様々ですが、もちろん私自身も、やせる部屋を取り入れて生活していて、その効果を実感しています。

「やせる部屋」とは、部屋を綺麗にすることを通じて、意識改革を促し、からだに変化を起こさせるだけでなく、あなたの人生にも素敵な変化をもたらすメソッドなのです。

2章

からだと部屋は繋っている

部屋は今のあなたのバロメーター

テレビドラマなどを観ると、デキる女性の家は、シンプルで綺麗、ハイセンスな絵画や花が飾られているという設定が多いですね。

「干物女」という言葉が流行るきっかけとなったドラマがありました。そのドラマの主人公の部屋は、ビールの空き缶がそのまま、玄関は脱ぎ散らかした靴だらけ、家中に物や服が散乱していました。

このようにドラマでは登場人物の性格を部屋の状態で表しますが、現実もさほど違いはありません。

物が整理整頓されている家に住んでいる人は、性格も明朗快活な方が多いように思われます。

部屋とそこで暮らす人の性質というのは連動しているといえるでしょう。

さて、あなたの部屋を見渡してみましょう。

洗濯し終わった物はきちんとクローゼットや引き出しに仕舞われていますか。

全ての本は本棚にきちんと収まっていますか。
床や机の上に物は出ていませんか。ほこりは溜まっていませんか。
部屋の状態が今のあなたの性格や思考、ひいてはからだの状態です。
部屋が散らかっていたり、汚れていたりすれば、それはあなたの頭のなかが混乱して、思考もよどんでいる状態。

頭の中が整理されていないと、何を優先したらいいのか、わからなくなってしまいますね。思考がよどんでいては気力もわきません。

ダイエットでは、頭の中を整理することがとても大切です。頭とは脳のことです。脳はからだの様々な器官に指令を出しています。ダイエットと密接にかかわっている消化やホルモンの分泌なども脳の指令によって行なわれているわけです。

頭の中が散らかっていると、脳は正しい判断ができません。あなたの生活する上での全ての判断が、脳からからだへ出す指令に影響するのです。

また部屋の状態は生活の質をも左右します。頭の中が整理されていないから、片づけができない、散らかった部屋では、物を探すことに時間ばかりが費やされる——何だか今日も時間を有効に使えずに終わってしまいました、なんてことになりかねません。

散らかって汚れている部屋を見て、「これが今の私の内面なのだ」、「この部屋が私のからだや生活の質に影響を与えているのだ」と、最初に実感してください。

今は片づけが習慣になっている私ですが、コラムの原稿や執筆に集中したい時は、旅館やホテルに泊まることもあります。そうすると、整然とした空間に身を置くことで、家で仕事をする3倍も仕事がはかどります。このことは、部屋で仕事の質もあがるのだと実感した経験でした。

片づいていない場所を見て、「何これ」と不快になれるメンタルをつくることが、やせる部屋の最初に目指すところです。いつもいる場所が片づいていると、散らかった部屋が目に入った時、違和感が出てきます。その違和感がやせる潜在意識へと導いてくれるのです。

片づけ上手は太らない

物も、人も、場所もみんなエネルギーを出しています。

家に物が多いとそれだけエネルギーの量も多くなり、からだが重くなったり、だるくなったりします。

思考がすっきりしている人、仕事ができる人は整理整頓が上手といわれますよね。

私にも思い当たる経験があります。

以前、お仕事で一緒になった、とてもデキる男性がいました。お願いした書類や資料はすぐ届けてくれ、質問したらその場で明確な答えをくれます。

見た目もスマートで、細身のスーツを着こなしていました。

そんな彼のデスクはすっきりと片づいていました。

物が少なく、エネルギーが散乱していないので、いつも効率よく思考することができ、ゆえに仕事の処理能力が高いのでしょうね。

部屋の片づけも同じこと。いつも綺麗に整理整頓されていれば、頭が冴え、物事を効率よく運ぶことができます。

片づけの効果はそれだけではありません。「これはどこに仕舞おうかな」「ここの物をあっちに移動しよう」と、片づけをする時はどうしたって頭やからだを動かしますね。

からだや頭を動かすとカロリーを消費することは、皆さんご存じでしょう。

また片づけをすると空間を広く使えるようになりますね。

空間が広々と使えるようになると人は活動量が増えます。

でも部屋が散らかっているせいで足の踏み場がなく、一日中ベッドやソファから動かない、なんてズボラさんもなかにはいるのではないでしょうか。

一日動かないだけで筋肉は1gも落ちてしまうのです。筋肉がダイエットに必要不可欠ということは1章でお伝えした通りです。

お部屋の中で立ち上がったり、歩いたりするだけでも筋力維持には役立つのです。

「片づけ上手は太らない」といわれるゆえんです。

脂肪を減らすコツは必要な物を見極める目

いざ片づけるとなっても、何を捨てて、何を残せばよいのかわからないというお悩みをよく耳にします。

私自身、「いつか使うかも」「やせたらまた着るかも」「また流行りがくるかも」と靴も洋服もなかなか捨てられませんでした。

しかし、その「いつか」は結局訪れず、数年経って「さすがにもう着ないだろう」とようやく捨てる決心がつく。それまではずっと着ない服が引き出しの中に入ったまま。どんどんスペースを占領していく様子は、まるでお腹周りに皮下脂肪が蓄えられていくかのようでした。実際に、引き出しやクローゼットに物が増えれば増えるほど、私の体重もどんどん増えていきました。

使わない物を仕舞ったままにしていると、私のエネルギーがいらない物たちに吸われているのか、と感じるくらいに、気力がどんどんなくなっていくのがわかりました。

部屋が汚くて、思考も乱れる、体重も増える、そうなると動くのも億劫になり、もっと部屋が汚くなる……まさに負のスパイラルです。

私のやせる部屋メソッドでは、この負のスパイラルから抜け出ることを最終的な目標の一つとしています。そのためには、必要な物を決めることから始めてもらいます。

必要な物をどのように決めていくか、その基準は次の通りです。

1 あなたの気分をあげる物

あなたの気分をあげる物とは、あなたの五感を心地よく刺激するような物のことです。

触覚でいうと、肌ざわりのよいリネン類。寝ている時に肌の細胞が喜ぶシーツや、手を拭くときのお気に入りのハンカチなどは、ぜひ手元に置いておきたい一例です。

視覚でいえば、見るだけでワクワクするような、芸能人や好きな人の、あるいはペットの写真、観葉植物です。

五感を研ぎ澄ませて、気持ちがワクワクすることを大切に、選んでいってください。

2 人に褒められたことのある物

イヤリングや指輪、ネックレス、鞄や、財布、洋服のデザインや髪留め、靴など、どんなに小さい物であっても、人に褒められて嬉しくない人はいません。

自分の好みではないアイテムでも、周りの人から褒められる物は、それを身につけるだけでも「私は魅力的なんだ」という自信のベールをまとうことになります。

自信を持つと姿勢がよくなり、体内に酸素をいつもより多く入れることができるので、脂肪燃焼に欠かせない酸素が体内にめぐり、ダイエットにも効果的です。

3 壊れたり、欠けたりすることなく、綺麗な物

ボタンのとれてしまった洋服やパーツがとれてしまったアクセサリー、欠けた食器など、まだ使えると思っているのかもしれませんが、他人の目から見ると少しだらしない印象を持たれてしまいます。

なにより問題なのは、そのようなアイテムが、あなたの気持ちを下げてしまうことです。

綺麗な物だけを残し大切にして、そうでない物はダイエットのためにも処分しましょう。

4 どうしても手元に置いておきたい思い出の品

退職する時に新たな旅立ちを応援してくれた手紙やプレゼント、旅先で買ったり、家族や友達にもらったりしたお守り、お気に入りのアクセサリーなど、手元にあるだけで気分があがる物は、あなただけのラッキーアイテムです。大切にしていきましょう。

私自身、ずいぶん昔に父からプレゼントしてもらったブーツとジャケットを、いまでも大切にとってあります。

古い物なので、実際に着ているわけではありませんが、持っているだけで父の愛情を感じられる大切な宝物です。

実用的でなくても、今は使えない物でも、思い出や愛情を感じられるような品は、あなただけが価値を感じとれる特別な品です。手元に残して、大切にしてくださいね。

以上4つの物以外は、思い切ってさようならすることを考えましょう。

5 嫌な思い出のあるアイテムは、ダイエットの邪魔をする

特に嫌な思い出のあるアイテムは、持っていていいことはありません。

昔の恋人にもらった高価なブランドの品など、よい品だからといっていまだに大切にとっておいてはいませんか。

人は物を見て、懐かしく思い出に浸ることがありますね。

ものには、感情を揺さぶる力があります。それが良い気分にさせてくれるアイテムであればよいのですが、ネガティブな気持ちになるようなアイテムを手元に残しておく必要はありません。

例えば、裏切られた彼から交際時にもらったプレゼントを「高価な物だからもったいない」といって、いつまでもとっておくと、感情を乱されてしまうことがあります。

いちばんの解決方法は今のあなたの心に寄り添うことです。

もったいないと思う気持ちはわかりますが、ダイエットのために、そして今の自分を大切にするために手放しましょう。

6 物を捨てるのに罪悪感を覚えてしまう

まだ使えるのに捨てるというと、罪悪感を覚える人もいるかもしれませんね。

そんな時は人に譲ったり、ネットオークションやフリマアプリなどでリサイクルしたりしてはどうでしょうか。

スマホなどで手軽に売り買いできるアプリはたくさんあります。「フリマアプリ」などで検索してみてください。

自分で直接売るのはなにかと面倒だと感じる人は、近所にある古着屋、リサイクルショップを探してみるのもいいかもしれません。

チェーン店か個人の店かを問わず、全国にたくさんあります。店舗に不用品を持ち込むと買い取ってくれ、値段のつかないものは引き取ってくれるお店もあります。

最近ですとネットで申込みして、宅配で送るだけで引き取ってもらえるサービスもあります。

ぜひ、自分にあったお店を探してみてください。

あなたはもう使わないけれど、その代わりに必要としている人が大切にしてくれると思えば、罪悪感も生まれませんし、安く譲ってあげれば喜んでもらえます。そのうえあなた自身がやせて綺麗になれるのです。こんなに素晴らしいことはありませんよね。

ただ、物は、特に古いものほどより多くの「気」を持っていると私は考えます。風水の世界では、目に見えないエネルギーの流れを「気」と呼んでいます。よい気は幸運をもたらしますが、悪い気はあなたに悪影響を与えます。しかも、気は影響し合うものなので、自分の気を持った物が他人の手に渡ると、反対に他人の気が自分に降りかかると考えられています。ですから手放す時に注意したいのは、自分の気を持った物が他人の手に渡ることによって、他人の気が自分に降りかかってしまうことです。それを防ぐには、粗塩で洗濯をして、気のリセットをしてから出すとよいでしょう。

片づけもできることからひとつずつ

心理学では完璧主義の人ほど、挫折しやすいと言われています。やせる部屋でも一緒です。

私がサポートをした人の中にも、「やるぞ」と思ったら、全ての部屋の片づけをはじめてしまい、収拾がつかなくなってしまう、という人がたまにいます。

私はお家の全ての部屋を片づけることは推奨していません。もちろん、できる人は挑戦してもよいと思いますが、続けることが大切だと思っているので、無理のない範囲から始めてほしいのです。

私は実家を出て一人暮らしをしていますが、やせる部屋をいつも心がけて、自室にはできるだけ物を置かず、シンプルな部屋にしています。

ある時、久しぶりに実家に帰ると長年住み慣れた家だったのにもかかわらず、物の量にびっくりしてしまいました。今、私が住んでいるわけではないので、リビングやキッチンを勝手に捨てたり片づけたりすることはできません。なので、まずは玄関を整理整頓して片づけることにしました。

目に入る場所には物を置かず、靴棚の上も花を生ける花瓶だけを置くようにして、鍵や帽子などはフックを買って、そこにかけてもらうようにしました。

出かける時、帰ってきた時に必ず、片づいた空間が視界に入るので、その空間に慣れてほしいという気持ちでファーストステップに玄関を選びました。

すると、面白いことが起きました。年に数回、実家に帰ると、相変わらず他の部屋は散らかったままだったのですが、玄関だけは私が片づけをした時と同じように、綺麗な状態がキープされていたのです。

ついつい物を置いてしまう癖がある両親のことだから、玄関もすぐに散らかるだろうと思っていたのに……！

玄関が散らかっていた時には、出かける前に鍵を探さなくてはいけない両親たちでした。これからお出かけをするという時に、約束の時間もあるでしょうに、慌ただしく探し物をすることはストレスになっていたに違いありません。片づけてからは、いつも定位置のフックに鍵を置くようになりました。帽子や手袋にも定位置をつくり、探さなくてもよい仕組みをつくりました。そうした方が合理的なことに気づいたのですね。2年経った今も綺麗な状態をキープしています。

最近は実家の洗面台でも実験しています。洗面台も毎日使う場所ですからね。片づいた状態が心地よいのでしょう。あれからしばらく経ちましたが、綺麗な状態を保っています。

一気に全ての部屋に手をつけようとすると管理するのが大変ですし、習慣になる前に止めてしまいます。ですから、まずは一つの場所から始めて、習慣になったら次の場所に手をつけるというサイクルが大事なのです。

ベビーステップその① 財布の中を整理する

さて、部屋の状態がいかに心とからだに影響を及ぼすか、おわかりいただいたところで、肝心のダイエットに話を戻しましょう。

「よし！ 今回こそダイエット頑張るぞ」と気合が入ったのはいいのですが、いつも続かなくて止めてしまう……。

私も13年間エステティシャンをしていたので、何をしたらやせられるのかは知っていましたが、なかなか続けられず挫折していました。「あんなに決意したのになぜ！」と不思議に思うくらいです。

皆さんがダイエットで決意することは次のようなことではないでしょうか。

- □間食を一切とらない
- □夜の炭水化物を抜く
- □ご飯を食べたら運動を1時間する
- □朝起きたらスムージーをつくる
- □お風呂で40分半身浴して汗をかく
- □甘い物は一切とらない
- □お肉は一切やめて魚にする
- □パンやパスタは一切やめる

気持ちが強いとやる気もあるから、ついつい課題をたくさんつくってしまいます。

しかし、どれかひとつでもできない日があると罪悪感に陥ったり、自己否定をし自分のことを責めたりして、自分にはダイエットはできないと諦めてしまう人がいます。

この中のひとつでもいいから、1週間でも2週間でも続けるだけで、からだは変化してくれるというのに。

ダイエットを始めようとする人は自分からハードルを高くしてしまいがちです。ダイエットの情報が溢れかえっているせいで、色々なことを取り入れたくなる気持ちはわかります。ネットで検索すると何百万ページと検索結果が表示されます。だからどんどん検索して、どんどん課題を増やしてしまいます。

やせる部屋もそうです。

全てを綺麗にしようとすると、何日もかかるし、ゴールが見えないのでモチベーションを保てなくなってしまいます。

私はダイエットのいまひとつの敵は「完璧主義」だと考えています。できることを続けていくことがダイエットには大切なのです。

そして全てを完璧にするのではなく、できていても、できていなくても、今のあなたは完全なのだと、今の自分自身をまるごと、受けとめてください。

まずは1分でできる簡単なことから始めてみましょう。

私がやせる部屋の最初のステップとしておすすめするのが「財布を綺麗にする」ことです。部屋ではありませんが、練習にもなるし、それだけで効果が現れはじめます。

主婦の方は買い物に出かける頻度が高いので、特に財布の中はよく見るのではないでしょうか。

やせる財布のルール

□レシートはその日のうちに財布から出す
□カード類はクレジットカードやキャッシュカードだけにする
□お札の種類ごとに仕分けする
□ポイントカードは財布とは別にカード入れをつくる

お財布の中には必要最低限の物以外は入れないように心がけてください。

パンパンに中身いれている財布＝パンパンに蓄えられている脂肪と脳は認識してしまいます。逆にすっきりとした薄い財布にすることは、すっきりとした細いからだになると自分に暗示をかけていることになるのです。

これを最低1週間続けてください。脳が整理整頓されて、心地よいホルモンを出すようになります。

すると、ごちゃごちゃしている財布が不快に感じられてくるのです。自然とすっきりとした財布を維持できます。これが続くと面白いことが起こります。他の片づいていない場所に違和感を持つようになるのです。

ベビーステップその②

鞄を整理整頓

財布の掃除はいかがでしたか。簡単にできたことと思います。財布を綺麗にして生活すると、今度は鞄の中身が気になるようになります。

財布を取り出すには、鞄の中もよく見ることになりますよね。よく使う鞄に、無駄な物が入っていないか、チェックしてみましょう。

とっさに鞄に入れたレシート類、古いチラシ、ガムを包んだ紙を処分

出先でゴミが出た時、ゴミ箱が見つからないとつい鞄に放り込んで、そのままにしてしまってはいませんか。

特に内ポケットは、毎日チェックすることなく出かけてしまいがちなのでちょっと意識を向けてみましょう。

4割の空間をつくる

財布同様パンパンに詰めこむのではなく、4割くらいの空間をつくってみましょう。

その空間を毎日見ることで、からだになんでも詰めこまない習慣が身につくのです。

鞄の重さは適切か確かめる

鞄は重くしすぎないことも大切です。

重い鞄を持っていると片方の肩に重力がかかるので、骨盤がずれやすくなります。骨盤がずれると、胃腸が下がって消化の能力が落ち、消化できなかったものが、体脂肪になってしまいます。

肩にかけて、からだの中心が傾かないかどうかが目安です。全身を鏡で見ながらチェックしましょう。

ベビーステップその③ 引き出しを整理整頓

財布と鞄の中を整理整頓できました。これだけでも、からだや気持ちが軽くなってきます。早くも運気がよくなって、「なんだかラッキーなことが増えたな」、なんて人もいるでしょう。

それでは、いよいよ部屋を見ていきましょう。ただし、このベビーステップでは、引き出しだけに集中します。コツは財布や鞄と同じなので、スムーズにスタートできるはずです。練習と位置づけましょう。

引き出しも生活をしていくうえでよく見るところだと思います。

一度全ての物を出して拭き掃除をする

一度全ての物を出してみないと、何が必要で何が不要かわかりません。引き出しは閉じれば中身が隠れてしまうところなのです。

脂肪があると洋服で隠そうとしますよね。でも隠せば隠すほど、減らさなければ、という危機感も薄れがち。物が隠れている引き出しも同じこと。物を一旦全部出して、要不要を見極めれば、洋服で隠れている脂肪にも意識的になります。引き出しの中の物を減らせば減らすほど、脂肪もどんどんなくなってくれるというわけです。

不要な紙類は処分する

手紙類、クレジットカードや通販の明細、チラシは、目を通した後、ほったらかしにしてはいませんか。

紙類はかさばらないので、長い期間、放置してしまいがちですが、ふと視界に入った時に、文字が目の中に無意識に入ってきています。それらが否定的な言葉や内容だったりすると、少しずつあなたの生活にも影響してきます。

例えば、クレジットカードの明細。家計簿をつけるにはとても便利なのですが、見るたびに「こんなに使ったのか」と落ち込むような人だと精神面にもダイエット面にもよくありません。その場合は一度確認したら、仕舞うようにすすめています。

否定的な人のそばにいるとついついその思考がうつってしまうことはありませんか。それと同じで、無意識に目の中に入った否定的な言葉は、あなた自身に×をつけさせ、あなたのモチベーションを下げてしまうのです。しかし、紙類を分別し、必要な物を指定の場所に仕舞うことで、そのようなことは防げるのです。

普段、頻繁に使うものを手前に仕舞う

普段使うものをすぐに出せるようにするのも、時間を大切にする＝自分を大切にすることに繋がります。昔に比べて寿命が延びているとはいえ、「時は金なり」ですから時間は大切にしたいところです。

自分の時間を大切にするようになると、あなたの時間を大切にしてくれる人が周りに増えてくれます。

ひと目みて何があるかわかるようにする

引き出しは倉庫ではありません。なんでもひと目で何があるかわかるようにしましょう。ひと目でわからないということは、隠れている物があるということです。隠

れている物が増えれば、隠したい物も増えてしまいます。

さて、財布、鞄、引き出しと、「小さな部屋」はこれでOK。あなたも基本を身につけましたし、実はこれだけでも十分効果があります。

次章からいよいよ部屋づくりに入りますが、この調子でやっていけば必ずできます。

からだと部屋には役割がある

本格的な部屋の片づけに入る前に、各部屋によって、それぞれ働きかけるからだの部位や機能が異なる、ということを知っていただきたいと思います。

マンション、アパート、一軒家、どんな間取りであっても、家には、玄関、靴棚、廊下、キッチン、冷蔵庫、浴室、引き出し、クローゼット、ベランダ、トイレ、ベッドルームなど、用途ごとに「部屋」があります。

例えば、ベッドルームは疲れたからだを休める部屋、冷蔵庫はからだをつくる食べ物を保管する場所、トイレは体内の老廃物を受け止めてくれる場所、というように。

私は、ダイエットアドバイザーとして独立し、多くの女性のダイエットを支えていくうちに、「部屋とからだは繋がっている」ということはすでに確信していたのですが、さらに多くのお客様と接しているうちに、さらに新しい発見がありました。

それは、掃除した部屋によって、からだの変化に違いがあることです。

例えば、ベランダ。ベランダを掃除した後、肌の油分のせいか吹き出物の多かったお客様の肌が、少しずつ綺麗になっていきました。

戸外と室内の境界面であるベランダはからだでいう皮膚――毛穴のような存在です。毛穴に老廃物が溜まると、アクネ菌が増えてにきびになることはお聞きになったことがあるでしょう。

ベランダを綺麗にすると部屋の風通しがよくなります。そうすると、部屋の湿った空気やほこりが外に押し出され、皮膚の清潔を保つのに必要な環境を維持できます。

また、潜在意識が毛穴を掃除しようという風に変わっていき、その結果吹き出物が改善するのだと私は考えています。

たくさんの人のサポートをしていくうちに、下腹の悩みにはクローゼットの片づけがよい、足のむくみには床の掃除が効果がある、ということもわかってきました。

このように、私が開発したやせる部屋メソッドでは、ある場所を綺麗にして、そこと深い繋がりのあるからだの部位・機能を改善する、という風に、場所単位で、ステップバイステップで行なっていくようになっています。

ゆっくり焦らず、部屋と連動したからだの部位や機能を意識しながら部屋を綺麗にしていきましょう。いつの間にかからだがすっきりと健康的にやせていくのを、あなたも実感するはずです。

3章——ステップ①

洋服を捨てれば体脂肪は減る

クローゼットの「断捨離」で、体脂肪率ダウン

「断捨離」という言葉があります。不要な物を捨て、新たに入ってくる物を断ち、物への執着をなくすという、ヨガの思想からヒントを得た画期的なお片付け法です。とはいえ女性は、こと洋服に関して、なかなか思いを断ち切ることができないものです。購入した時には、「もう満足。当分、買わなくてもいいかな」なんて思っていたのに、季節が変わると、ショーウインドウの前を通り過ぎた時など、また新たに欲しいものが出てくる——。

もちろん、よい面もあります。洋服に対する飽くなき執着は、それだけ美への意識が高い証拠です。

でもいつまでも買い続けていたら、クローゼットはだぶつき、これは後で詳しく説明しますが、結果的にからだのだぶつきへと繋がりかねません。ならば、どうしたらいいのでしょうか？　私がおすすめするのは、買ったら一度、買った分と同じ量の洋服を見直す癖をつけるという方法です。

大掃除の時に、クローゼットの奥をのぞくと「懐かしい。なんでこんな物買ったのかな」と買ったことすらも忘れてしまっていた洋服が見つかること、ありませんか？　しかし、いくら懐かしくても、洋服には流行り廃りがあります。その服に腕を通す機会は、これからも訪れないでしょう。素敵な女性でいるためには、クローゼットもからだと同じように新陳代謝させなくてはいけないのです。

ではどのようにクローゼットを新陳代謝させたらいいのでしょう？　具体的なやり方を、ダイエットとの関係性を明らかにしながら説明しましょう。

クローゼットはひと目で何があるかわかるように

まずは、クローゼットを開けて、中身が常にひと目でわかる状態にすることです。

「クローゼットを開けてすぐに何があるかわかることと、ダイエットとの間に一体どのような関係があるの？」と、不思議に思われるかもしれません。ポイントは、毎回クローゼットを開けるたびに「こんなに私には素敵な洋服があるのだ」と思えるようになる、というところにあります。

なぜなら、この「ある」という感覚が、実はダイエットにとって、非常に大切だからです。

例えば、「私には30％以上の体脂肪がある」という人がいたとします。ちなみに体脂肪とは、人間の体内に蓄えられた脂肪のこと。健康な女性の体脂肪率は20～25％が平均ですから、仮に体脂肪率が30％の人は、5％にあたる分は食べなくても支障がありません。つまり、5％分だけ、食べなくても大丈夫だと思えるようになります。

そこで、この「ある」という感覚を、クローゼットを開けるという行為を通じて日常的に感じる癖をつけるのです。クローゼットの中身がひと目でわかれば、同じようなアイテムをいくつも買わずに済み、満ち足りた気持ちを保つことができます。そしてこの満ち足りた気持ちが、からだの飢餓感を和らげ、暴飲暴食を防ぐことへと繋がっていきます。

「似合う」と言われたものだけにする

たくさん洋服がある中でも、ついそればかり着てしまうのなら、それはあなたに必要な服。でもちょっと待ってください。

自分では気に入らずあまり着ない服なのに、「素敵」「肌が明るくなったね」などと、褒められた経験はないでしょうか。

これは、鏡で見る「あなた」と相手が見る「あなた」とでは、同じ服を着ていても見え方が異なるから。相手は360度、全方位からあなたを眺めることができるのです。その相手から見て素敵な服は、あなたをどこからでも魅力的に見せてくれるということ。

そういう服こそ、大切に着てあげてください。

高価な物ほど普段使いに

ボーナスが出たので、奮発して買った洋服を「何かの時に着るぞ」とクローゼットに仕舞う……。その行為、からだのある仕組みと関係していると思いませんか。

私は、これも体脂肪の役割と似ていると考えます。

体脂肪は、飢餓状態になった時のために10日間ほど、食べなくても生きていけるように体内に貯蔵されています。クローゼットに仕舞われた服も、いざという時にいつでも着られるようスタンバイしているという意味では、確かに体脂肪の役割と似ているといえるでしょう。

そこまではよいのですが、しかし、問題はここから。

体脂肪にはいつでも消費される用意があります。つまり「鮮度」は関係ありません。けれども洋服には、たとえ高価な物でも「鮮度」があります。仮にその「時」がやってきても、どことなくデザインが古臭く思えたり、買う時には感じられたときめきが消え失せてしまっていたり、ということが十分ありえるのです。さらに悪いことに、長らく仕舞い込んでいたせいで臭いが染みついているおそれすらあります。これではせっかくの素敵なお洋服が、かわいそうというものです。

もしかしたら、永遠にその「時」はやってこないかもしれません。

むしろ、その「時」がやってこないのは、あなたが仕舞い込んでいるせいかもしれないのです。

高価なブランド品を、永遠に消費されない体脂肪などという矛盾に満ちたものにしないこと。そのためには、高価な洋服こそ「何かあった時」の体脂肪としてではなく、普段使いに回してください。

高価な服は、安い洋服を着ている時よりも、丁寧に扱ってあげようという気持ちを自然と芽生えさせます。すると、歩き方、座り方、食べ方なども、それに合わせて劇的に変わってきます。

よい服を着ている時に、暴飲暴食をしてウエストが苦しい……なんていうことがあまりないのは、そのため。高価な洋服には不思議なくらい、異常な食欲を落ち着かせるダイエット効果があるのです。

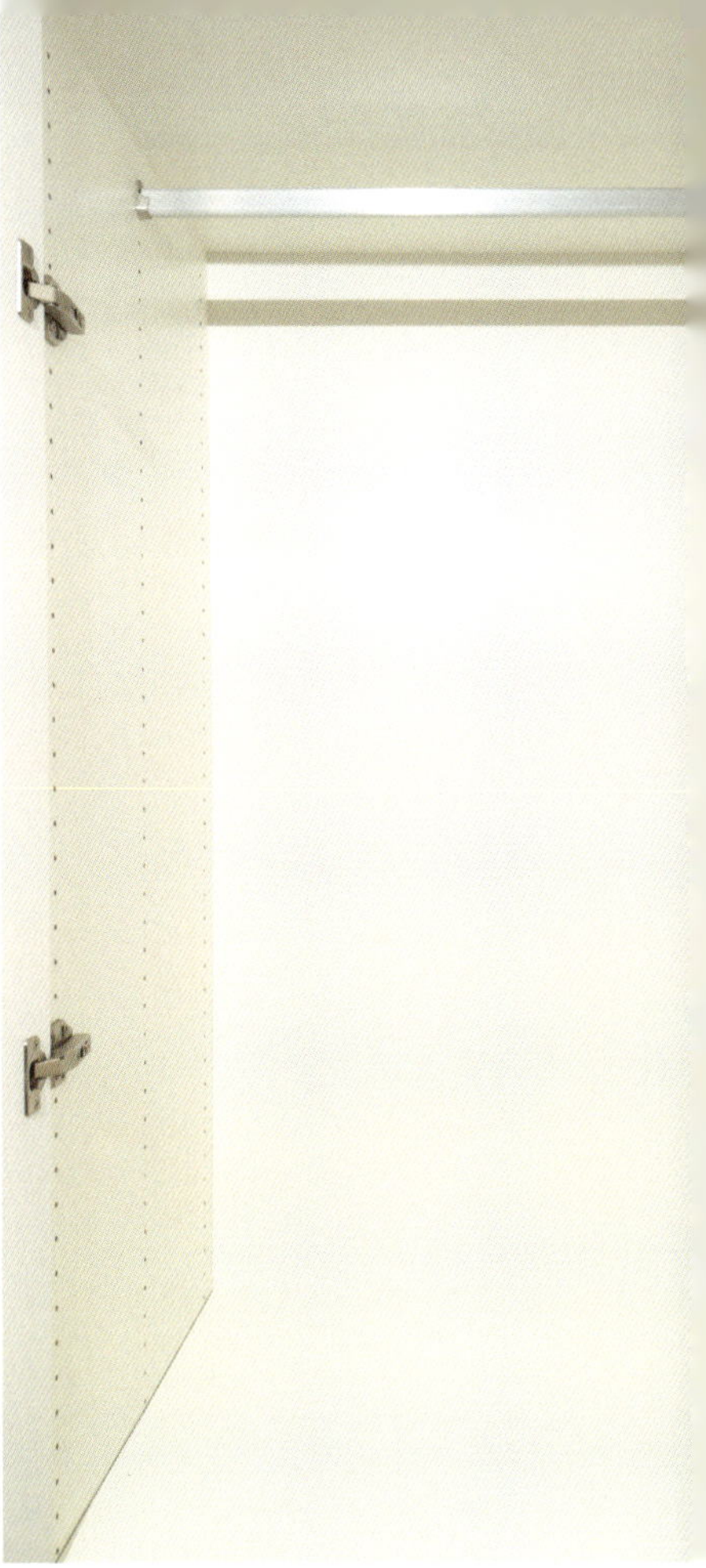

月に一度、全て洋服を出してほこりやちりのお掃除

洋服は自分の肌に直接触れる物なので、それらを仕舞うクローゼットも綺麗にしたいものです。

クローゼットから全てを出してみてください。意外とほこりやちり、防虫剤やカビなどの臭いがありますね。水拭きして乾いたら、また一つ一つ、洋服を戻してあげてください。

その際、やせた自分がその洋服を着ていることをイメージしたり、かっこよく着こなしている様子をイメージしたりしながら戻しましょう。

柑橘系の香りがおすすめ

香水を洋服につけて満腹中枢を刺激する

匂いは人の気持ちを和らげたり、癒したり、またやる気にさせる効果があります。

クローゼットに仕舞った洋服たちに、香水をかけましょう。アロマスプレーもいいですね。

ダイエットには満腹中枢を刺激する柑橘系の香りがおすすめです。クローゼットを開けるたびによい香りもするので、一日の過ごし方も変わってくるでしょう。

クローゼットのためのチェックシート

洋服をため込むことや雑に扱うことが、
余計な脂肪をつける原因になりうることを、以上でイメージしていただけたかと思います。
でも、整理するといっても洋服はたくさんあるし、
何からやっていけばよいのかわからないという方もいるかもしれません。
そんな時は次の手順で、片づけてみましょう。

準備 大きめの袋を2枚用意する

選別した洋服を入れていく袋を2枚用意してください。

1 クローゼットの洋服をすべて部屋に出す

仕舞われた状態だと何があるのか、どんな状態なのかがわからないので、必ずすべて出してください。

2 直近1年で着た服だけをまとめる

直近1年で着た服をひとまとめにしてください。

その中から特に、
・褒められたことがある洋服
・気分があがる洋服
これらをクローゼットの手前に仕舞っていきましょう。

パーティドレスや礼服の場合

サイズが合っているか、カビなどの汚れがないかを確認して問題なければ、クローゼットに仕舞いましょう。

サイズが合わない物や、カビだらけの礼服を「高かったから」「いつか着るかも」ととっておく人がいます。特にカビが生えている場合には、その日のうちにクリーニングに出すか、いっそのこと捨てて新しいものを買いましょう。

直近1年間に着なかった服(パーティドレス、礼服以外)

・カビや傷みがなくまだ着れるのに、サイズが合わない洋服
・買ったのはよいが、一度も着なかった洋服
・趣味に合わず、褒められたこともない洋服
を畳みながらいったん袋にまとめます。

これらの服を、捨てるのに気が引けるのなら、人に譲ったり古着屋などのリサイクルショップに持って行ったりするのもよいでしょう。

その場合は、前述したように粗塩で洗濯をして、「気」のリセットをしてから、出すようにしてください。

なぜなら、自分の「気」を持った服が他人の手に渡ることで、他人の気が自分に降りかかってしまうからです。

カビや汚れ、傷みのある洋服

直近1年間に着なかった服の中でも、リサイクルに回せないくらいカビや傷みのある物は、前述の袋とは別の袋に、「今までありがとうね」と声をかけながら、畳んで入れていってください。そして感謝の気持ちをもってお別れします。

このように順序立ててやっていけば、誰でもやせる部屋をつくることができます。

4章 ステップ②

風を通して、「めぐり」をよくする

玄関を片づければ、口の中が清潔になる

クローゼットの新陳代謝を活性化させたら、次にすることはそれを維持すること。そのためには「めぐり」をよくすることが大切です。めぐりとは体内なら酸素、血液、リンパ液の流れ、部屋なら空気の流れのことをいいます。

酸素や血液がからだの隅々まで行き渡り、リンパ液で回収された老廃物がちゃんと体外に排出されないと、代謝の悪いからだとなり、肥満や、ダイエットの大敵である疲労、免疫力の低下、そしてむくみの原因となります。部屋は空気の流れが悪いと、臭いや湿気、一酸化炭素、二酸化炭素、病原菌がいつまでもとどまり、不健康でストレスフルな環境となってしまいます。このように、からだと部屋のめぐりはイメージとしてぴたりと重なります。この重なりを、ダイエットへと応用してみましょう。

部屋のめぐりをよくすることで体内のめぐりに、より意識的になることができます。その結果、カロリーを消費しやすいからだになる、という好循環が生まれます。

さて、部屋におけるめぐりの始まりは玄関から。空気のめぐり、つまり風は、外部

の新鮮な空気を運んで、玄関から入ってきます。その新鮮な空気には、様々なエネルギーが含まれます。例えば、熱、電磁波、光、人から出る精気もエネルギーです。これらを玄関から入れて、部屋をよいエネルギーで満たしましょう。

私達がエネルギーのもととなる、食べ物を摂るのは口からです。この部位は、酸素を体内に取り込むという意味でも、からだでいう玄関にあたるといえるでしょう。

さらに口には、食べ物を噛んで細かく砕き、食道に送るという働きもあります。それだけに、歯みがきを疎かにすれば細菌が増殖。そのまま食事をしてしまうと、菌がからだに入り、免疫力が低下します。免疫力には、ダイエットの大敵であるストレスを消す働きがあるので、口内を清潔に保つことはダイエットの意外な盲点なのです。

また口にトラブルがあると、食べ物をきちんと咀嚼しないまま、食道に送ることになるため、食道の粘膜を傷つけ、消化不良の原因にもなってしまいます。消化不良の状態で、胃や腸に届いた食べ物を分解するには、通常よりも時間が必要になります。胃や腸も長い時間、働くことで過労気味になり、食べ物を消化できません。消化されず、行き場のなくなった食べ物は、なんと体脂肪に貯蔵されてしまうのです。

このように、からだにとって口腔内のケアは欠かせません。それと同様に、住まいの「口」ともいうべき玄関も綺麗を保つ必要があるのです。

玄関には靴を置かない

玄関のドアを開けて靴が散乱していると、外からのいいエネルギーを部屋に入れることができません。もう履かない靴もあるのに、それにすら気づかないほど靴を多く持っていませんか。

一日履いた靴は下駄箱に仕舞う

一日履いた靴は、あなたと同じように疲れています。下駄箱というベッドでゆっくり寝かせてあげましょう。

自分は暖かいベッドで寝て、明日の英気を養うのに、一日、頑張ってくれた靴に敬意を払わないのはかわいそうですよね。

物にもエネルギーがあります。たかが靴ですが、されど靴。

「今日も一日ありがとう。ゆっくり休んでね」と声をかけてあげれば、靴はきっと、あなたの素敵なエネルギーを受け取って、明日以降もあなたを素敵な場所や人のもとへ運んで行ってくれますよ。

脱いだらすぐ仕舞います

下駄箱は2割のスペースをつくる

下駄箱に空きスペースをつくらないから、今日履いた靴を入れられず、玄関に置くことになってしまうのです。下駄箱には2割のスペースをつくることを徹底してください。

使った傘は玄関に置かない

水には、汚れを洗い流す、そんなイメージを持っている人も多いでしょう。しかし傘についた雨水は、すでに空気中の汚れを含んでいます。外で使用した直後の傘は、いいエネルギーがいちばん最初に入ってくる玄関内には置かないこと。使ったその日は家の外に置き、晴れたら汚れを拭き取り、十分乾かしたうえで、玄関内の傘立てに入れてあげましょう。

廊下はリンパと繋がっている

食べ物は口の中で咀嚼された後、食道を通って胃に送られます。玄関がからだの口の部分にあたるとしたら、廊下はさしずめ食道ですが、色々な物が運ばれ、出入りするための通り道という意味では、循環器にも相当するといえるでしょう。特に連想させるのは、リンパ管。ここは、代謝や免疫力と大きく関わっています。廊下に物が置いてあるのは、入ってくる物だけでなく、出ていくものの妨げにもなるという点で、ちょうどリンパの流れが悪くなっているからだの状態と似ています。

そんな、家の中のリンパ管ともいうべき廊下を通じて出ていく物といえば、ゴミや不用品です。外に捨てに行くたびに何かにぶつかっていては、そのうちゴミを出しに行くのも面倒になってしまうでしょう。まさに家の代謝が損なわれた状態です。

そうとわかれば、早速リンパの流れを意識しながら廊下を片づけましょう。整理された廊下であれば筋肉を動かす機会も増え、さらにリンパの流れもよくなります。

玄関からリビングまでは、物を置かない

肩こりやむくみ、冷え症で悩んでいる人は、必ずといっていいほど、廊下に余計な物を置いています。

廊下に置きっぱなしになっている雑誌の束や捨てる予定のゴミ袋も、リンパの中の老廃物と一緒。早めに出してしまいましょう。

心の中の不平や不満といったモヤモヤもゴミと似ています。言いたいことを飲み込んで、我慢していませんか。そんな人は、喉の調子が悪いことも多いのです。

モヤモヤをいつまでも抱えていると、それがストレスとなってダイエットの邪魔をします。早いうちにモヤモヤを吐き出す通路を確保してあげましょう。吐き出すといっても、なかには人に言うのにさしさわりがあることもあります。私のおすすめする効果的な方法は、モヤモヤを紙に書いて丸めたり、破ったりすることです。ぜひお試しあれ。

さあ、廊下の片づけも済みました。あとはリビングへといい気が流れ続けるように、もう廊下には物を置かないこと。これを、徹底してくださいね。

外から帰ってきて玄関のドアを開けたら、まずはすっきりと広がる廊下を視界にとらえてみましょう。そのときは、ただ心地よいと感じるだけかもしれません。でも、その心地よさを受け取った脳が無意識のうちに、あなたのからだと連動してリンパの流れを促してくれます。

ベランダは皮膚の毛穴だと思って掃除する

屋内と屋外の境界であるベランダは、体でいうと、体内と体外を隔てる皮膚に似ています。外見のイメージだけではありません。ベランダと皮膚は、実際の性質も似ているのです。

私たちの毛穴は、ふさがれてしまうと、皮脂分泌が抑制されるので、乾燥肌になったり、にきびができたりします。きれいな素肌は、清潔な毛穴からつくられます。美しい素肌は、毛穴の皮脂や汚れを、発汗や洗顔で押し出すことで保たれているのです。

ベランダにも同じことがいえます。ベランダに物が散乱していると窓から新しい風が入りにくくなります。ベランダからの風を部屋へ通し、室内の滞った空気やほこりを外へ押し出していきましょう。

そうすることで、体内でのエネルギー燃焼に必要な酸素をたっぷりと確保できます。体脂肪を減らすためには酸素が必要不可欠になります。人間の細胞には、酸素を使いながら炭水化物やタンパク質、脂質などを順番にエネルギーに変えてくれる働きがあります。走るなどの激しい運動を15分以上続けると、体内では多くのエネルギーが必要となります。血中のブドウ糖だけではエネルギーの供給が間に合わなくなり、筋肉にある多糖類のグリコーゲンをもとにエネルギーをつくりだしてくれます。それでも間に合わないときは、脂質をエネルギーに変え始めます。この時、酸素が大量に必要になるのです。

毎朝窓を開ける

朝の太陽にはたくさんのエネルギーがあります。そのパワーをしっかりと部屋に入れて、一日に使うエネルギーをたっぷりもらいましょう。

日の光を浴びることで、からだではダイエットホルモンであるセロトニンをつくり出します。

物はなるべく置かず、掃除を小まめにする

ベランダは、いい空気が部屋に舞い込む場所です。ここが物でごちゃごちゃしていると、ダイエットによくないのは、「玄関」「廊下」と同様です。

何も置かず、景色を遮らないようにしてください。

引っ越しをする予定のある人はチャンス。ぜひ窓から景色が見えることを部屋選びのポイントにしてください。風が部屋に入らず、エネルギーが不足してしまいます。

プランターなどで、ガーデニングを楽しんでいる人もいるかもしれませんが、お花などの植物は部屋で楽しんでください。綺麗な花には生きたエネルギーがたくさん詰まっています。このエネルギーを日頃からもっと身近に取り入れない手はありません。

ただでさえ普段私たちのからだは、仕事などにエネルギーを使っています。部屋にいる時は、できるだけからだにエネルギーを補ってあげたいものです。

とにかく大事なことは、ベランダに物を置かないこと。物がないと掃除の時もとても楽ですので、いつもベランダを綺麗に保つことができます。最初から物がなければ、掃除も簡単、快適です。

片づいているから掃除が簡単。だから快適で、機嫌がいい。物を置かないベランダが、あなたの心とからだに素晴らしい変化をもたらしてくれることでしょう。

夜は窓を開けない

夜は一日の疲れたエネルギーがからだに充満しています。ここで大切なのが、夜は窓を開けないこと。風は、気分をリフレッシュし、やる気をあげる効果がありますが、同じ風でも夜風だと、血行を悪くし、からだを余計に疲れさせてしまいます。

5章 — ステップ③

水回りで自律神経を整える

スッキリできない時はトイレを掃除する

ダイエットに悩んでいる人のなかには、同時にひどい便秘に苦しんでいる人が多くいます。私のもとを訪れるお客様も、9割は便秘で悩んでいました。

お通じが悪いとからだから老廃物が外に出ていかないので、当然体重が増えます。老廃物と一緒に排出されるはずの余分な糖や脂肪も、体内へ逆戻り。再度吸収された、本来なら排出されるべきそれらが血液やリンパに流れ出ることで、代謝は悪くなってしまいます。老廃物を排出できない腸はまるで詰まったトイレのよう。腸がすっきりしない時こそ小まめに、そして丁寧にトイレを掃除してみてください。

便秘は精神的な緊張やストレスがおもな原因といわれています。自分が便秘気味だと思えば、トイレに行くことそのものにストレスを感じてしまいます。でも、トイレが綺麗で快適になれば、それだけ緊張やストレスが和らぎ、トイレに行く回数も自然と増えていくでしょう。排泄物を受け入れてくれる場所を綺麗にすることは、自分の負の部分と向き合うひとつのきっかけにもなります。

トイレ掃除は、下半身をいつもより動かすことになりますから、腸が刺激され、その結果お通じがよくなるという効能もあります。

このようにトイレ掃除は、精神とからだの両面において、便秘に有効なのです。次にあげる点にも気をつけながら、トイレを「やせるトイレ」にしていきましょう。

観葉植物を飾る

4章の「ベランダ」のところで、植物はエネルギーを発するから、長い時間を過ごす室内に置きましょう、と言いました。トイレも例外ではありません。先にも述べたようにトイレは、一日に何度となく行く場所です。しかもからだの老廃物を排出する重要な役割を与えられた場所なので、しっかりと陽の気をもらうためにも観葉植物を置きましょう。植物には殺菌・消臭作用がありますから上手にそれらを利用させてもらいましょう。

トイレカバー・マット類は使わない

トイレカバーをすると汚れが見えにくくなり、かえってカバーの洗濯や便座の掃除が後回しになっていませんか。トイレカバーやマットは使わない方がむしろ清潔なのです。

汚れを見つけたら、その場ですぐに掃除をしてしまいましょう。

簡単に拭き取れて、そのままトイレに流せる使い捨てのウエットティッシュタイプのものがおすすめです。毎日、10秒で汚れを取り除けるから便利です。

普段のお掃除では、トイレの中の黒ずみなども点検して、しっかり綺麗にしましょう。

炭を置いて 消臭・浄化する

トイレの四隅にも悪い気がたまりますので、炭を置いて空気を浄化しましょう。そうやって常に、トイレから汚れや悪い気を取り除くように心がけていれば、便通もよくなります。

「トイレの神様」という曲がありますが、トイレを綺麗に保つことで、ダイエットだけでなく、運もよくなるように思います。

憧れの写真を飾る

「こうなったらいいな」——憧れの人や場所の写真を飾ったことはありませんか。このような写真を何点か、1枚のボードに貼ったものは「夢ボード」と呼ばれ、夢を叶えるツールとして効果がありま す。写真などの視覚イメージは、文字以上に脳に伝わりやすいので、潜在意識に届きやすく、それが無意識の行動に反映されるからだといわれています。

ダイエットの場合でも、理想の体型の写真を飾ることで効果が得られます。

なぜ、トイレに写真を貼るのか。トイレは毎日、必ず行く部屋だからです。トイレでつかの間、あなたの意識は手持無沙汰になります。そんな時こそ、潜在意識に語りかけるチャンスです。

ただしこの方法には、向き不向きがあります。向く人というのは、写真を見るたびに「叶ったら嬉しい」とワクワクしながら一日を過ごすことができる人。逆に写真を飾るのに向かない人は、写真と自分との差に目がいってしまう人です。

やせていた頃の自分や憧れの人の写真を見て「若かったから」「この人とは体質が違うから」と、否定の気持ちがわいてしまう人にはこの方法は向いていません。

憧れのスタイル、やせていた時の写真を飾ることに向いていない人には、美しい景色の写真や、可愛いペットの写真を貼る方法をすすめることもあります。美しい景色やペットと自分自身を比べることはないでしょう。

大事なのは、写真を見ていて「綺麗だな」「可愛いな」と思うことなのです。

自分の言葉や思考は、無意識のうちに自らに跳ね返ってきます。ついつい自分を否定しがちな時は景色やペットの写真で、発せられたポジティブな言葉を無意識のうちに自己に跳ね返らせ、セルフイメージを高めていきましょう。

お風呂掃除で新陳代謝を回復させる

お風呂は一日働いたからだを癒してあげる場所、外から帰ってきたからだを浄化してあげる場所です。

お風呂場にも汚れや物がたくさんあると、それらから発せられる波動が浴室内でごちゃごちゃとぶつかりあって、からだが休まらなくなります。

からだを癒す大事な場所が、落ち着かないと陽のパワーを貯められず、ダイエットどころではなくなります。いい気の流れになるように整えましょう。

シャンプーやリンスは使うボトルだけを置く

シャンプー、リンスの新商品が出ると、すぐに新しい物を買ってしまって最後まで使い切れないなんていうことはありませんか。そんな人のお風呂場には、色々なメーカーのシャンプーが所狭しと並んでいます。これもやせない要因の一つです。最近のシャンプーは、用途が決まっている物が多いので「ヘッドスパ用」「傷んだ髪用」と、つい揃えたくなる気持ちもわかります。でも、せっかくのバスタイムに物がたくさんあると落ち着かず、ダイエット効果が半減です。新商品を出すのは、前の物を使い終わってから。自分の視界に入る物は、シンプルに、スッキリを心がけましょう。

美容グッズは置かない

「元エステティシャンなら、美容グッズはたくさん持っているんですよね？」――よく聞かれます。

でも、お風呂場に美容グッズを置かないのがやせる秘訣です。ただし全く置いてはいけないということではありません。少数精鋭、効果を実感している物だけを置いてほしいのです。効果を実感している美容グッズは、パッケージが目に入るだけでも「小顔になった」「肌が綺麗になった」と自己肯定感を持てるようになります。

これは、「ビジュアライゼーション」といって、脳内でイメージしている小顔で肌が綺麗な自分を、脳が現実に近づけるようにからだへ命令を出しているのです。

安価なものでも毎日欠かさず使い続けることの方が効果を実感できますよ。

疲れたら入浴時にキャンドルを灯す

疲れを癒す入浴に、キャンドルを加えればさらに相乗効果。

ろうそくの灯りは見るだけで、脳内でベータエンドルフィンなどの快感ホルモンの分泌が促され、気分が安らいだり、良質な睡眠が得られます。バスタブに浸かりながらキャンドルを眺めるなんて、一日の終わりにふさわしい、贅沢な時間の使い方です。

排水口を綺麗にする

風水でも、水の流れるところは滞りをなくすようにすすめています。お金の流れが悪い時に、キッチンの排水口、洗面台の排水口、お風呂の排水口を綺麗にすると流れがよくなるのはその一例です。排水口を綺麗にして流れがよくなるのはお金だけではありません。からだの中を流れるリンパの流れもよくなるのです。頭の中で排水口の流れがよくなっていくイメージができあがると、脳も流れのいいイメージをつくりだして、それが各系に働いてリンパの流れもよくなるのです。リンパの流れがよくなれば、利尿作用が高まり、さらに余計な物が排出されます。

水の流れをよくしましょう

マイナス思考をしない

お風呂は、ゆっくりとからだを休め、副交感神経を優位にして明日の活力を養う場所。

そのこと自体はよいのですが、いつも論理的に考える脳の働きが沈静化し、外部からの働きかけを無意識に受け入れてしまう傾向がある点には注意が必要です。

たとえそれがネガティブなイメージや言葉であっても、潜在意識へと浸透し、思考として定着させてしまうからです。

そんな言葉や思いを無意識にでも抱いてしまうと、ダイエットが停滞してしまった時に、ネガティブな思いがむくむくと首をもたげて、モチベーションを下げてしまうことでしょう。そうならないようにするためにも、お風呂には、マイナスの要素を持ち込まないようにしてほしいのです。

お風呂に入る時に、どんなものがあれば、あなたは楽しい時間を過ごすことができるでしょうか。好きな香りの入浴剤？　好きな音楽？　あなたが気分よくなれる方法をいろいろ試してみましょう。

6章

ステップ④

キッチンで腸内環境を改善

キッチンを綺麗にすると暴飲暴食がなくなる

キッチンにある食べ物が、未来のからだをつくります。そのためには手料理が理想です。新鮮な食材、バランスのとれたメニュー、無添加ゆえの安心……。それなのに、ついコンビニやお惣菜、冷凍食品に頼ってしまうのは、なぜでしょう。もしかしてキッチンが片づいていないからでは？

出番は少ないのに、かさばる調理器具や食器をいつまでも持っていませんか。冷蔵庫の奥を探せば、何個も出てくる同じ食品、あるいは賞味期限切れの食材……。そんなキッチンで一日に三回も料理していれば、やる気が起きなくなってしまいますよね。「食べ物を無駄にしてしまった！」という罪悪感だって、相当なものです。

でもキッチンを片づければ、それだけで、あなたの食生活は格段にレベルアップ。結果的に暴飲暴食を防ぐのです。

キッチンが綺麗になれば、イライラが消え、「料理してみよう」という気になりますよね。自分でつくるとなると、そう簡単に食べ物は出てきませんから、自分で食材を探すことから始めます。綺麗な冷蔵庫を開けば、一目瞭然で材料がわかり冷静に献立を考えられます。綺麗なキッチンでの料理は気分転換になり、食卓に着く頃には、ある程度満ち足りた気分で余分な食欲を抑えることもできるでしょう。

ただし、暴飲暴食を防ぐための片づけにはコツがあります。いっぺんにキッチンの全てを変えようとすれば、それだけでストレスを感じてしまうでしょう。まずは一日、一か所ずつ片づけ、それぞれの状態を最低7日間キープしてください。

ポイントは、いちばんよく使う場所から始めること。

普段使用しない調理器具などは、通常、手が届きにくいところに収納してあるので、そのような場所は最後の最後でいいのです。

キッチンのなかで「どこがいちばん使うかな」と、自分に質問してみましょう。場所を決めたら、その場所を徹底的に綺麗にして、7日間維持します。毎回片づける場所がかぎられているので、気になった時にちょっとずつでOK。この「部分片づけ」が習慣化し、片づいていることが当たり前という意識が定着して初めて、あまり使わない物が置いてある収納場所に目を向けてください。その時、片づいている場所とのギャップに違和感を覚えるようならしめたもの。自分から率先して片づけたいと思うようになるでしょう。

キッチンの収納にも2割の空間

キッチンの収納の中をのぞいてみてください。

「可愛いから」と買ってはみたものの、一度も使っていないケトルはありませんか。一度も使わない物は、使うことを忘れたあなたの皮下脂肪のようなもの。「高価な物だから、もったいない」と言って使わない結婚式の引き出物も同様です。

なんでも仕舞いこまず、使う習慣を身につけましょう。

新しい物、高価な物をおろして使うのは気分もいいですし、大切に扱おうとします。

物を大切に扱う女性は、とても上品に見えます。上品に見える女性は、周りの人たちにも、そして自分自身にも、大切に扱ってあげようという気持ちを起こさせます。

収納の中にあるキッチン用品をすっきり無駄なく使うためには、収納の中がひと目で見渡せるだけの空間的な余裕が必要です。具体的には、2割程度の余裕を目指します。これなら、仕舞う時も取り出す時もストレスなく、スムーズに出し入れできます。

調理器具は1〜2種類にする

収納場所が物であふれていると、キッチン全体の気の流れが重くなります。調理器具は普段使うお気に入りのものに限定し、あとは思い切って処分しましょう。

私がサポートしている人のなかには、大小様々なフライパンを5個も6個も持っているという人がたくさんいます。でも、毎回の料理で必ず使うフライパンは1つか2つ。古い物や使用頻度の低い物は、とっておいても調理の効率を下げるだけです。

食器も本当に使う物だけにする

普段使いの食器も毎日使う物だけを残し、あとは処分します。

何かを手放すのは、悪いことではありません。必要のない物を手放せるようになると、不思議と必要のない脂肪まで手放すことができるようになります。

頂きものの高価な食器も例外ではありません。

いつか使うだろうと、とって置いてそのままになってはいませんか。使わないのなら処分するのが鉄則です。

とはいえ、せっかく頂いた高級品。どうしても気が引けるなら、一旦普段使いしたうえで処分を検討してみても遅くはありません。高価な物ほど、大切に使おうとするでしょうし、そうすれば愛着もわいてきます。

物を大切にすることで上質なエネルギーを感じることができ、自分のことも大事にできます。ダイエットでついつい自分にダメ出ししてしまう人こそ、まずは物から大事にしていきましょう。

大切にしている物には気持ちが表れます。

コンロを綺麗にするとイライラが消える

火を扱う場所が汚れていると、不思議とストレスが溜まり、イライラしてくるものです。熱効率が下がったり、一酸化炭素中毒の危険が頭をよぎったりするせいかもしれません。「これから自分のからだに入れるありがたい食材を、汚いコンロで料理するなんて食材を貶めている！」と自分が情けなくなってイライラするのかもしれません。

コンロを清潔に保つのは、あなたの気持ちを穏やかにするためにも大切なこと。料理してすぐに拭き取れば、汚れが定着していないので楽ですよ。作り置きの重層水を使えば、一層手軽に汚れを落とすことができます。

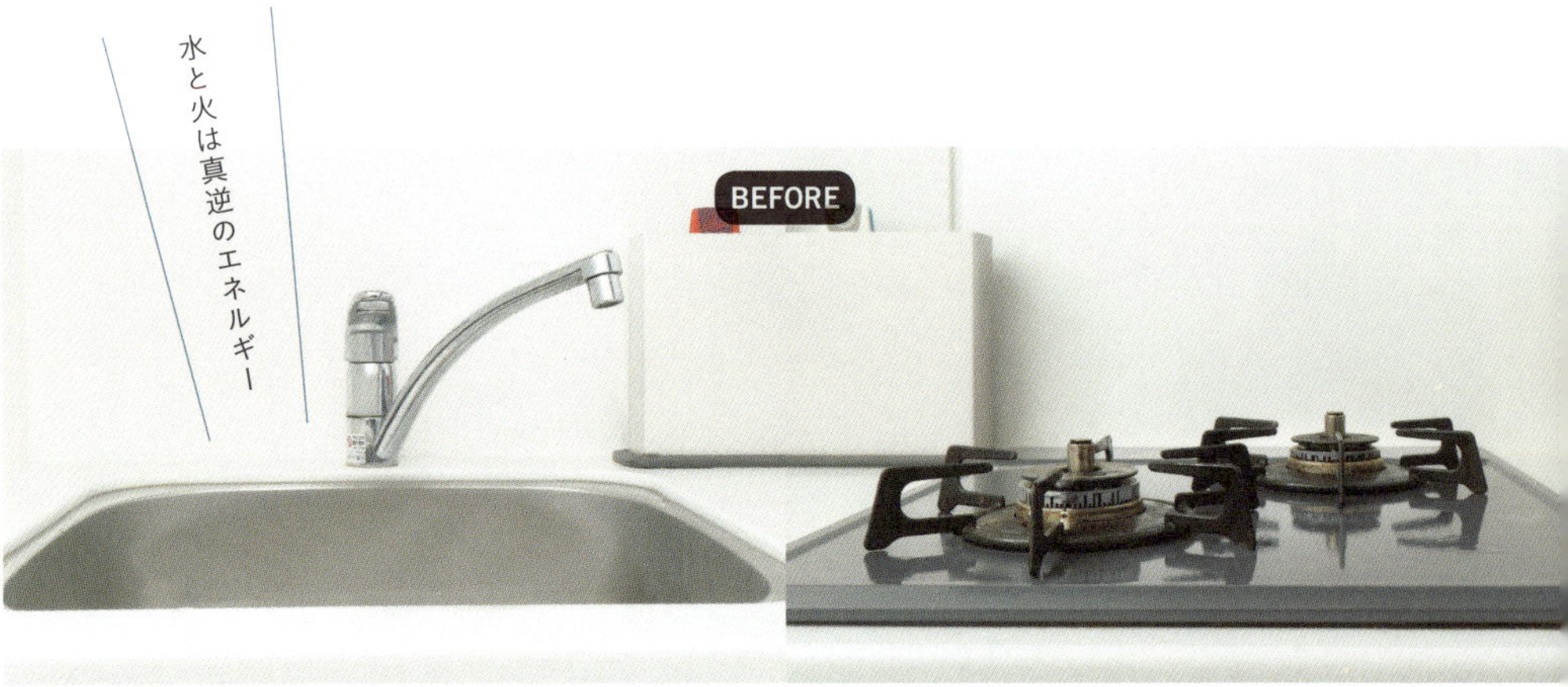

蛇口の向きに気をつける

私は普段、水道の蛇口をコンロとは逆方向に向けておくようにしています。10年前から実践しているのですが、これは、水と火という真逆のエネルギーがぶつかりあわないようにするため。こうしておくことで、「他人と意見がぶつかるようなことが減りますように」「喧嘩をしなくなりますように」という風水にちなんだおまじないになるのです。

女性は男性ほどストレスに耐性がないので、食べることでストレス発散をしてしまう人が多いといわれています。こういったおまじないを積極的に活用することで、ストレスを溜めない部屋を日頃から意識していけるといいですね。

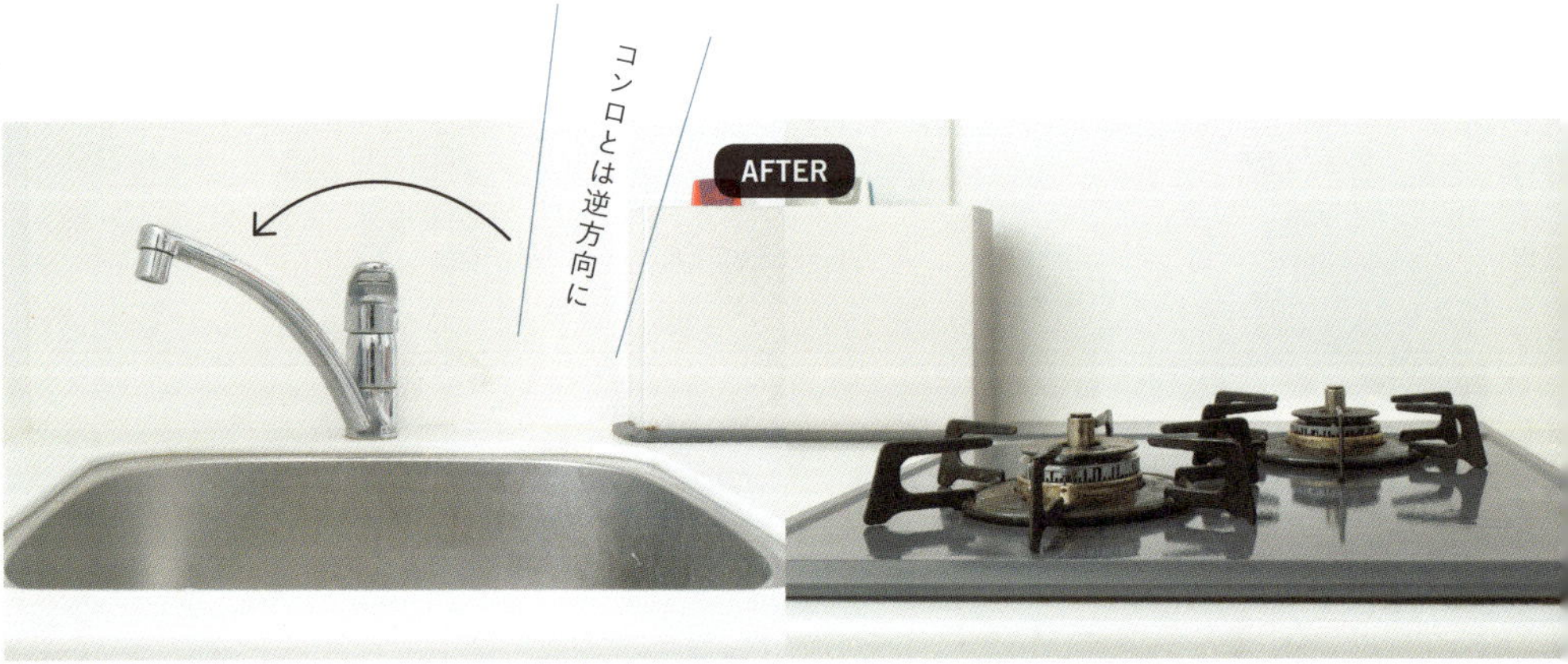

冷蔵庫を綺麗にして腸内美人に

ダイエットの成功は、冷蔵庫にかかっていると言っても過言ではありません。そう、冷蔵庫内の食品があなたのダイエットを直接左右するのです。「栄養価が高くて、太らないものばかり入っていればいいんでしょ」とあなたは簡単に言うかもしれません。

でもダイエットでは、栄養やカロリーに気をつけるだけでなく、腸内環境を整えることがとても大切なのです。そして、この腸内環境をよくする食べ物の筆頭が、発酵食品。腸内に善玉菌を増やすことでからだはみるみるやせていきます。

発酵食品を冷蔵庫に常備しましょう。そのためには、まずは冷蔵庫内を綺麗にしましょう。

冷蔵庫を掃除・整理すれば食費や電気代の節約にもなります。

賞味期限切れを処分するだけで体質改善

食材は、新鮮な物ほど、生酵素、ビタミン、ミネラルがしっかりと摂取でき、ダイエットに効果的です。

そして古い物になればなるほど、からだが消化するのに時間がかかり、かえって太る原因になるのです。新鮮な食材には、消化酵素やエネルギーを生成させるビタミンが豊富に含まれますが、鮮度が落ちれば落ちるほど、それらの消化酵素やビタミンは減っていきます。そのため、古い食材は新鮮な物に比べて、皮下脂肪になりやすいのです。

やせる体質をつくるためにも、賞味期限が過ぎたものは食さない方がいいのです。特に乾物は、賞味期限が切れていてもまだ食べられると思って、つい料理に使ってしまう人もいるかもしれません。健康のためにも、やせるためにも処分しましょう。

冷蔵庫の中の物を全て出して拭き掃除

冷蔵庫内の食材は常に、新鮮な物、そろそろ賞味期限が切れる物、ちょっと傷んでしまった物など、様々な状態の物が混在しているのが普通です。

いくら古い物を捨て、新鮮な物を補充しても、古い物と新しい物とが雑然と詰めこまれていては、うまく食材を回転させられません。調味料の液だれもカビの元です。点検の意味でも週に一度、最低でも月に一回、冷蔵庫内の物を全部出して掃除しましょう。衛生的で、気の流れもよくなります。

冷蔵庫にも冷凍庫にも4割ほどスペースをつくる

冷蔵庫にも冷凍庫にも必ず空きスペースをつくること。め一杯入れこむのではなく、余裕を持たせてください。これなら、冷蔵庫を開けたとき、ひと目で何が入っているかわかります。奥に仕舞いこんでいて「食べるのを忘れた！」とか「賞味期限が切れていた」などのトラブルもなくなります。

調味料などを、うっかり二度購入してしまう失敗もこれでなくなるでしょう。

発酵食品のスペースをつくる

発酵食品抜きにダイエットは考えられません。腸には腸内細菌が約100兆個あり、この力を使ってさらに食べ物の分解は進んでいくのです。乳酸菌に代表される善玉菌は、食物繊維をえさにして腸内環境を整え、消化を助けてくれます。

発酵食品には腸内細菌を増やす働きがあるだけでなく、消化を助ける酵素がたくさん含まれています。毎日の食事で手軽に取り入れられるよう、冷蔵庫内に「発酵食品ブース」をつくっておきましょう。納豆、漬物、キムチ、梅干し、味噌は常にストックしておくとよい食材です。

野菜は5種類をいつも常備する

野菜は冷蔵庫に5種類以上、常備しましょう。

野菜が1種類だけだと、皮膚をつくるための栄養素のビタミンAは摂取できても、疲労回復のビタミンCが不足してしまったりするなど、栄養面で偏りが出てきます。ダイエットには栄養バランスがとても大切なので、これでは困ります。

たとえば、ビタミンB群が不足すると、炭水化物をエネルギーに分解する体内の潜在酵素を使い切り、足りなくなります。するとただやみくもに野菜を摂るだけではやせない体質になってしてしまうのです。

潜在酵素とは細胞内に存在する、消化作業を行なう消化酵素と代謝作業を行なう代謝酵素のこと。その量は年齢とともに減っていきます。子どもの頃から偏った食生活を送っていると、体内にストックされている潜在酵素を若いうちに使い切ってしまうため、同世代の友達ややせた人と同じようなダイエットをしても、やせないということが起こってきます。

からだは、足りない栄養素があれば、その栄養を補うために、空腹感を感じさせるシグナルを脳から出します。いくら食べても満腹感が得られず、暴飲暴食してしまう人は、バランスよく栄養が摂れていない可能性がとても高いといえるでしょう。

ではどうすれば過不足なく栄養を摂取できるのでしょうか。

一食に5種類の野菜を使えば、ひとまず必要な栄養素をバランスよく摂取することができます。例えば次のようなメニューです。

例＝発芽玄米、味噌汁（キャベツ・たまねぎ・かいわれ）、豚肉のしょうが焼き・ピーマン添え、ほうれん草のお浸し

しかし、毎日のバリエーションとして、どんな野菜を選べばいいのか、わからないという人もいるでしょう。

そんな人のために野菜の選び方を次のコラムで紹介したいと思います。

野菜は5種類でOK!

どんな野菜を食べればいいの？

どの本を読んでも野菜を食べる大切さや、
スムージーなどで効率的に摂る方法は説いていますが、それだけではやせられません。
私のダイエットメソッドでは、野菜を摂ることの大切さに加え、
季節ごとにどんな野菜を食べるべきかを重視しています。
現代では、ほとんどの野菜が一年を通して手に入るようになっています。
そのため、あまり食材の旬を意識することがなくなっているかもしれません。
しかし、季節によって含まれる栄養素の量は変化します。
たとえば、ビタミンAのもとになるカロテン。
7月のトマトには100g当たり540μgほどのカロテンが含まれているのに対し、
11月の物にはわずか260μgほどしか含まれていません。
7月と11月ではなんと倍以上違います。
旬の物を食べる利点は、少ない量でもからだに必要な栄養が摂れるところです。
といっても、スーパーにはたくさんの野菜が並んでいて、
どの野菜が旬なのか自分の目で見極めるのは難しいですよね。
そこで私はサポートしている女性たちに、ダイエットに必要な栄養素を多く含む、
旬の野菜を表にして渡しています。それを次ページで公開しましょう。

1月

カリフラワー、キャベツ、小松菜、ゴボウ、水菜、春菊、せり、大根、長芋、長ねぎ、白菜、ブロッコリー、れんこん、ほうれん草

2月

カリフラワー、キャベツ、小松菜、ゴボウ、水菜、からし菜、ふきのとう、わらび、ほうれん草、れんこん、大根

3月

明日葉、うど、かぶ、からし菜、クレソン、しいたけ、にら、パセリ、三つ葉、わらび、わけぎ、たまねぎ

4月

明日葉、うど、かぶ、キャベツ、グリーンピース、きくらげ、さやえんどう、ぜんまい、ソラマメ、たけのこ、たまねぎ、長芋、ふき、ルッコラ、レタス

5月

明日葉、アスパラガス、うど、かぶ、キャベツ、グリーンピース、にんにく、クレソン、ルッコラ、レタス

6月

アスパラガス、明日葉、いんげん、枝豆、おくら、きくらげ、キャベツ、きゅうり、グリーンピース、クレソン、ししとう、しそ、じゃがいも、ズッキーニ、そら豆、しょうが、パプリカ、ピーマン、みょうが、らっきょう

7月

青唐辛子、明日葉、いんげん、かぼちゃ、つるむらさき、冬瓜、とうもろこし、トマト、ナス、ゴーヤ、モロヘイヤ

8月

青唐辛子、明日葉、いんげん、かぼちゃ、つるむらさき、冬瓜、とうもろこし、トマト、ナス、ゴーヤ、モロヘイヤ、葉唐辛子

9月

チンゲン菜、まつたけ、舞茸、しめじ、しいたけ、しそ、さつまいも、おくら、いんげん

10月

えのき、エリンギ、かぶ、かぼちゃ、ぎんなん、さつまいも、さといも、しいたけ、しめじ、じゃがいも、チンゲン菜、なめこ、人参、舞茸、マッシュルーム、まつたけ

11月

えのき、エリンギ、かぶ、かぼちゃ、カリフラワー、ぎんなん、くわい、ゴボウ、さつまいも、さといも、しいたけ、じゃがいも、春菊、大根、チンゲン菜、長ねぎ、人参、白菜、ほうれん草、ブロッコリー、れんこん、レタス、ルッコラ

12月

えのき、エリンギ、かぶ、かぼちゃ、カリフラワー、ぎんなん、くわい、ゴボウ、さつまいも、さといも、しいたけ、じゃがいも、春菊、大根、チンゲン菜、長ねぎ、人参、白菜、ほうれん草、ブロッコリー、れんこん、レタス、ルッコラ、芽キャベツ、セロリ

料理やスムージーに使う野菜も、この表を参考に選べば、ダイエットに必要な栄養が効率よく摂れて、体調も整うことでしょう。

外食・コンビニ食のルール

女性も社会進出するようになり、忙しくなってきています。

ダイエットをするにも、家庭や仕事と両立できなくては、続けることができませんよね。

私がサポートしている女性に、Tさんというキャリアウーマンがいます。

彼女は出張や接待の飲み会が多く、食事は8割以上が外食。

私のメソッドでは、せっかく摂取した野菜の酵素の働きを阻害しないためにも
食品添加物が多く使われている外食やコンビニ食品をあまりおすすめしていません。

とはいえ、こんなにも多忙な彼女に自炊を求めるのは酷というものです。

そこで私はダイエットに効果的な外食やコンビニ食品の選び方を彼女に伝えることにしました。

私自身、外食でそこまで良い結果が得られるか不安でした。しかし、それは杞憂に終わりました。

彼女はメニューの選び方を変えただけで、なんと3ヶ月で7kgもやせたのです。

これには私も驚きました。Tさんに伝えたメニューの選び方には6つのルールがあります。

ルール1 どんなメニューであっても青汁は必ず摂る

野菜を摂るためにはカット野菜、と言いたいところなのですが、残念ながらコンビニの物は日持ちをよくするために、薬品に浸けられてしまっています。その工程で、カット面から栄養素が逃げてしまうので、コンビニ野菜では、からだに必要な栄養素を十分に補うことができません。

それならば青汁で補給しましょう。今はコンビニでも青汁を売っていて、手軽に取り入れることができます。

ちなみに野菜ジュースには糖類が含まれているので、ダイエットには向いていません。ただどうしても青汁が苦手で飲めないという方は、野菜ジュースを飲むようにしましょう。

ルール2 おでんはコンビニ食の優等生

おでんは、野菜も摂れますし、出汁にはミネラルが含まれているので、コンビニのメニューのなかでは一番おすすめです。

ダイエットにとっては、ミネラル不足も用心しなければなりません。からだがミネラル不足に陥ると、むくんだり、精神的に不安定になったりするからです。

また出汁は腹持ちもよく、温かいので内臓を温めてくれます。

ただしおでんにも問題が全くないわけではありません。おでんは長い時間、煮込まれた状態で売っています。野菜は48度以上で加熱すると、残念なことに、ダイエットに必要な酵素が死滅してしまうのです。

だから、おでんを食べる時も、青汁でビタミンなどの栄養素を補うようにしてください。

ルール3 白米、発芽玄米、雑穀米を選ぶ

多くの日本人は、ずっとお米を食べてきました。

そのため、お米を消化する酵素は十分に持っています。しかし、小麦粉が現在のように普及したのは、ようやく第二次世界大戦が終わってから。ゆえに私たちのからだは小麦粉を消化することがまだ苦手なのです。

そんな体質で小麦粉を食べると、どうなってしまうと思いますか。

小麦粉は未消化のまま、体脂肪になってしまうのです。

サンドイッチを食べようと思ったら、代わりにおにぎりにしてください。パン食を習慣にしている人は、お米の腹持ちのよさに驚くかもしれません。そのおかげで間食も減れば、一石二鳥ですね。

ルール4 味噌汁で代謝アップ

内臓を温めてくれる味噌汁をセットにすれば、発酵食品も同時に摂ることになります。インスタントの物でも構わないので、ぜひ、毎日の食事に取り入れてほしいものです。

また味噌の原料である大豆には、女性ホルモンと同じ働きをして、代謝をよくしてくれるイソフラボンが含まれます。ダイエットだけでなく、美肌効果も期待できますよ。

ルール5 温める時はレンジを使わない

電子レンジはとても便利な調理器具です。

でも、太っている人ほど、電子レンジで料理をつくっていることが多いのです。

レンジで温めると温度の調節ができず、生酵素が死滅してしまいます。電子レンジの電磁波が、魚やお肉のタンパク質の構造を破壊し、消化しにくくしてしまうこともわかっています。そしてこの消化できなかった一部の食べ物が、脂肪として蓄えられてしまうのです。

電子レンジを使うと「時短になる」「楽だから」というのはもちろんわかりますが、いつも頑張っているからだに敬意を払うためにも、極力火を使って料理しましょう。

ルール6 脂肪をつくらせないなら、幕の内弁当

コンビニのお弁当には、色よく見せるための着色料、香りを保つための香料、日持ちさせるための保存料が入っています。

ですから作ったその日に販売し、売り切ってしまうような手づくりのお弁当屋さんを利用する方が、からだのためにはよいでしょう。

しかし近所にコンビニしかないということであれば、丼物よりも食材が多く使われている幕の内弁当をおすすめします。

脂肪になる原因の炭水化物と脂質は、ビタミンB_1、B_2がないと体内で分解されず、体脂肪として蓄えられてしまいます。

いろいろな食材が使われている幕の内弁当は、炭水化物や脂質をエネルギーに変えてくれる食材がたくさん入っています。例えば、煮物の中の根菜類は、ビタミンB_1、B_2を多く含んでいます。のりや昆布などには、炭水化物をエネルギーに変えるヨウ素が、卵焼きや魚などには、筋肉やからだの組織になる良質なタンパク質が含まれます。

食材が多くなるとカロリーは高くなりがちですが、その分、代謝に必要な栄養素がたくさん摂れるので、効率よくやせることができるのです。

料理も「やせる調味料」で

料理の基本調味料は、多少高くても無添加や、天然の物をおすすめします。

確かに、こだわりを持ってつくられた無添加・天然の調味料は価格も高めです。

ですが、毎日使うものですし、高級とはいっても、調味料なので、
一つのアイテムが千円以上になることはそうありません。

野菜やお肉で、毎日、オーガニック、無添加の物を買うとなるとコスト的に大変ですが、
調味料であれば、数百円高いくらいで済みます。

そして、この数百円の違いで、高い効果を発揮してくれるのが無添加・天然の調味料なのです。

塩は60種類以上のミネラルが含まれていて、からだには欠かせない調味料です。

しかしながら、いわゆる食卓塩は、塩化ナトリウムという人工的につくられた化学物質で、
ミネラルは含まれていません。

ミネラルをふんだんに含んだ天然塩を選ぶ方が、からだのためにはよいのです。

炒め物に使う油は、オリーブオイルがおすすめ。

オリーブオイルに含まれるオレイン酸は、脂肪をつきにくくし、便秘の予防にもなります。

熱に強いので、炒めても成分が損なわれることはありません。

ドレッシングなどの火を通さない物には、亜麻仁油を選びましょう。

亜麻仁油はオリーブオイル以上に有効成分が含まれており、ダイエットの強い味方です。

ただし熱に弱いので、ドレッシングなど非加熱の物に使いましょう。

お酢ではクエン酸とアミノ酸がいちばん豊富な黒酢がおすすめ。

糖や脂質を分解してくれて、代謝アップも期待できます。

出汁の材料にはぜひ、無添加・天然のものを選びましょう。

良質な素材からしっかりとうま味を引き出すことで、
料理にそれほど塩分を加える必要がなくなり、むくみを予防することができます。

むくみが脂肪の原因であるセルライトをつくるのです。

出汁に気を配れば、健康的にやせられるようになります。

砂糖は白砂糖ではなく、てんさい糖やはちみつをおすすめしています。

白砂糖を摂り過ぎると、血糖値が上昇します。

血糖値を下げようと膵臓からインシュリンというホルモンを分泌します。

このインシュリンが体脂肪を蓄えてしまう働きがあるため、かえって太ってしまうのです。

またこちらは少々高価になってしまいますが、ラカントという甘味料が特におすすめです。

ラカントは、ラカンカというカリウムやリン、カルシウム、鉄分などの
ミネラルが豊富に含まれる植物からつくられています。

抗酸化作用もあり、ダイエットと美容の強い味方です。

医師も糖尿病の患者にすすめているそうです。私自身も28歳の頃からずっと愛用しています。

やせるドレッシング7種

市販のドレッシングには、香料、酸化防止剤など添加物がたくさん入っています。こうした人工の添加物はダイエットによくありません。例えば保存料を分解する時、からだは余計な仕事を強いられ、脂肪燃焼が疎かになってしまいます。3日以内に使い切れるようであれば、ドレッシングは手づくりした方が、ダイエットのためにはよいのです。冷蔵庫の中にあるものだけで、たった1分でつくれるドレッシングをご紹介しましょう。7種類とバリエーションもあるので飽きません。サラダ以外にもお豆腐やおひたしと、いろいろなものに使ってみてくださいね。

その1

梅干し 半分 ＋ゴマ油 大さじ1

その2

オリーブオイル 大さじ2 ＋玉ねぎすりおろし 1/4 ＋塩コショウ＋レモン スライス1枚

その3

ゴマ油 大さじ2 ＋しょうゆ 大さじ1 ＋黒酢 大さじ1 ＋大根すりおろし スライス2cm分

その4

しょうゆ 大さじ2 ＋黒酢 大さじ1 ＋生姜すりおろし ひとかけ分

その5

塩こうじ 小さじ1 ＋ゴマ油 大さじ1

その6

オリーブオイル 大さじ2 ＋粒マスタード 小さじ1 ＋黒酢 大さじ1 ＋レモン スライス1枚

その7

しょうゆ 大さじ1 ＋黒酢 大さじ1 ＋にんにく ひとかけ＋ねぎのみじん切り 1本分

7章
ステップ⑤

リビングでやせるホルモンをさらに出す

リビングをやせる最強のパワースポットに

ここまで、家の中をクローゼットから順に「やせる部屋」にしてきました。次はいよいよ家の中心、リビングの番です。リビングは、家族が集い、めいめいがくつろぐ空間ですよね。そんな場所ですから、居心地がよく、エネルギーをチャージできる最強のパワースポットであることが理想です。

理由もなくイライラしてしまうという人がいたら、それは、リビングに物が散乱しているせいかもしれません。「最近、家族と喧嘩することが多いな」と感じたら、ぜひリビングを片づけてみてください。

実は、リビングはからだの「脳」と関係しているのです。脳は人の記憶や感情、意識を司っていて、もちろんダイエットにも関係があります。

すでに説明したように、脳がつくるホルモンの一つセロトニンは、「ダイエットホルモン」といわれています。このセロトニンを増やせば、血流がよくなり代謝が上がるため、簡単にやせることができるのですが、それを邪魔するのがストレスです。

リビングをやせる部屋にすれば、体の力が抜けてリラックスした状態になります。そうすると副交感神経が優位になって、血流がよくなり、ストレスに強いからだをつくることができます。結果として、ダイエットホルモンのセロトニンの分泌を高め、やせるからだをつくるのです。

ではどのようにやせるリビングをつくっていったらよいか、いくつかポイントをあげましょう。

リビングに植物を飾る

やる気を充電できるリビングに、ぜひお花を置きましょう。お花といってもちょっとしたものでいいのです。お花屋さんで売られている500円くらいのミニブーケなど手頃でいいですね。

もちろんおすすめは旬の花。季節の花がいちばん、エネルギーが高く、お花の持ちもよいのです。

あなたがいちばん座る場所から、いちばん視線を向ける頻度の高い方向にお花を飾ってみてください。

見ようと思わなくても、ついつい目の中に入る、そんな位置がお花を置くのに最適な場所。

花を見て「可愛いな」「綺麗だな」「癒されるな」「元気がでるな」など、前向きに思えたら成功です。

脳にはいい加減なところがあり、主語におかまいなく内容だけにフォーカスするので、主語を分別せず、自分に「可愛いな」「綺麗だな」「癒されるな」「元気が出るな」と語りかけていることになるのです。

毎日毎日、お花を見るたびにそう思うことで、潜在意識をポジティブな気持ちに変化させることができるのです。

いちばん滞在する場所の半径1mを片付ける

リビングは広いので、片付けをしようとしても、なかなかモチベーションが上がらないですよね。それなら部屋全体に手をつけようとしないで、自分がよく座る半径1m以内を綺麗にしてあげましょう。

あなたの半径1m以内を見渡してみてください。もう読まない新聞や雑誌はありませんか。テレビやレコーダーなど何種類ものリモコンが散乱していませんか。

今、この瞬間でもいらないものがあなたの周囲にあると、あなたのからだも同じようにいらない脂肪や老廃物を抱えることになってしまいます。どんどん周りを軽くしていきましょう。

自分のお気に入りのパワースポットをつくる

ここにいると本当に居心地がいいなと思う場所、また明日から頑張ろうと思う場所を家のどこかにつくりましょう。

人によってお風呂場かもしれないですし、ドレッサーかもしれないですし、ベッドルームかもしれませんね。もしあなたにとってそれがリビングなら、日が当たる部屋の窓際に椅子を置いて、太陽を浴びながらお茶をする、というのはいかが？　家族の誰かがしているからではなく、あなたが本当に好きと思える場所に作ってくださいね。どこかに一か所でも自分のパワーが充電できる場所があると、気分のむらも減り、毎日穏やかに過ごすことができます。

食事中はテレビのスイッチを切る

テレビを観ながら食事をしてはいませんか。そのような習慣があるならば、食事の時はテレビを消しましょう。ながら食べは太る原因。自分の目で、どれだけ食べたかを認識していないので、量を食べていても、すぐにお腹が空いてしまうのです。ご飯を食べる時は食材をしっかりと目で見て、量も脳にしっかりと焼き付けましょう。ながら食いは消化の妨げになることもわかっています。食事を目で見るだけで、胃は消化の働きを始めます。せっかく、視覚が消化を助けてくれるというのに、助けを借りない手はないですよね。

ぜひ、食事はながら食べではなく、目でも味わってみてください。

下半身のむくみが気になる人は床を掃除する

私がまだエステで働いていた時の話です。

お客様は同業のエステティシャンの女性でした。私が彼女の足裏をマッサージしようと、自分のお腹に平行に彼女の足裏を置いた時、彼女は次のように言いました。

「足裏にはからだの悪いものが出るの。この体勢だとあなたのお腹が悪いものを受け取って、あなたの体調が悪くなったり、疲れやすくなったりするのよ」

その言葉を受けて、私は意識的に足裏をお腹からずらして施術するようにしました。足裏には、内臓の反射区といわれているツボがたくさんあるので、そこから悪い気が流れ出てくるのでしょう。

このことから、私は部屋の床を意識的に綺麗にするようになりました。部屋の床が汚れていたら、足裏のツボからからだの悪い気が流れ出るどころか、汚れでふさがれてしまうと考えたからです。むくみをとって下半身を細くしたかったら、床を綺麗にすることを心がけてください。

重曹で床を拭く

汚れ落としに液体洗剤は有効ですが、化学薬品を使っているものは、足裏につくと肌荒れの原因にもなるのでおすすめできません。

ほこり程度の汚れなら重曹で十分綺麗になりますし、からだにも安全。床だけでなく、部屋のどの部分にも使える万能洗剤ですので、とても便利で経済的です。

スリッパも綺麗にする

どんなに床が綺麗でも、スリッパが汚ければ結局同じこと。スリッパも小まめに洗いましょう。

これからスリッパを新調する予定がある場合、足ツボスリッパがおすすめです。足ツボスリッパを履くだけで、普段から全ての反射区を刺激することができます。

粗塩をひいて掃除機で吸い取る

ダイエットの停滞期には、粗塩を入れた水で床を拭きましょう。浄化の意味も込めて私は週1回しています。水拭きが大変なら、粗塩をひいて掃除機をかけるだけでもいいのです。その時も「いいことが起こりますように」という気持ちを込めてしてくださいね。

気持ちを込める。私はこのことの大切さを、あるスタッフの振る舞いを通じて教えられました。

彼女がいれるお茶はいつもお客様から好評だったので、「どうやっていれてるの」と尋ねたのです。すると、「皆さんと同じですが、お客様がリラックスできますようにと気持ちを込めています」という答えが返ってきました。

忙しかったりすると、お茶をいれることだけに注意を向けがちです。しかし彼女はこのお茶でお客様にどうなってほしいか考え、その気持ちを実際の行動によって表していたのです。何をするにも気持ちを込める。それだけでも、部屋はどんどんあなたの味方になってくれますよ。

部屋の掃除におすすめの自然な洗剤

床はもちろんのこと、肌に触れることが多い部屋の掃除には、合成洗剤ではなく自然の物を使うことをおすすめしています。

重曹と粗塩のふたつは、どのお家でも簡単に取り入れることができるので、ぜひ試してくださいね。

重曹水

準備 水…100ml、重曹…小さじ1

水に重曹を入れ、溶けるまでかき混ぜれば出来上がりです。


100円ショップなどで売っているスプレーボトルでつくると、そのまま気になる所に吹き付けられて便利です。

床掃除だけでなく、キッチンのコンロや排水口、お風呂のお掃除にも使えます。

粗塩

床のお掃除に……適量

適量のあら塩を撒き、ほうきなどで軽く掃くか、掃除機で吸うだけ

気のリセットもできますし、塩にほこりがくっつくので、普通に掃除機をかける以上に綺麗になります。

フローリングはもちろんのこと、玄関や畳の掃除にも効果があります。


洗濯で洋服の気をリセットする……ひとつまみ

洗濯機にひとつまみの粗塩を入れて、いつも通りに洗濯をするだけ

洋服をリサイクルショップに出す場合には、必ずやっています。

8章

最終ステップ

五感を刺激する寝室で脂肪燃焼をキープ

ベッド周りで五感に訴える

睡眠もダイエットにはとても大切です。寝不足だと、食欲増進ホルモンのグレリンが増え、太りやすくなります。睡眠をきちんととれば、今度はレプチンというホルモンが増えます。レプチンには食欲を抑える働きがあり、ダイエットの頼もしい味方です。毎日しっかりと睡眠をとることがいかにダイエットに大切かわかりますね。

睡眠はただとればいいというものでなく、その中身が大事です。

人は、1日6万回思考するといわれています。でも、寝ている間だけは例外です。自発的に思考ができないこの間だけは、あなたの思考はいわば受け身の状態。だからこそ、潜在意識にいい波動を送るチャンスでもあるのです。

寝ている間でも、絶えず五感は周囲の情報をキャッチして、脳へと情報を送り続けています。それならば、五感を心地よくする情報だけが送られるようにし、逆に不快な情報はシャットアウトするように工夫すればよいのです。ベッドの周りを、五感を心地よく刺激するような物ばかりにする方法を次にあげてみましょう。

シーツの素材にこだわる

五感を心地よくすればするほど、いい気分を潜在意識に刷り込ませることができます。例えば触覚を心地よく刺激したかったら、シーツ選びにこだわりましょう。コットン100%やシルク素材など肌にやさしい素材が最適です。寝ている時に細胞が「気持ちいい」と喜ぶことをしてあげましょうね。

ベッドの近くにも植物を置く

植物には生きたエネルギーがたくさん詰まっています。その中でも「フィトンチッド」と呼ばれる化学物質には、天然の殺菌作用があるのです。またフィトンチッドには、脳内のα波を引き起こし、副交感神経を高めてくれる働きがあるので、安眠効果も得られます。

アロマで嗅覚から全身を癒す

嗅覚を心地よく刺激しながら眠りに就きましょう。安眠したい時は、レモンやミントの香り。ホルモンバランスが乱れている時は、イランイランやローズの香りで女性ホルモンの分泌を促します。

寝る前の思考を整える

寝る前の思考は眠りの中身に影響します。ベッドに入ったら今日あったいいことだけにフォーカスしましょう。そうすれば、睡眠時もポジティブな自分が無意識の領域にインプットされて、ネガティブに思うことが少なくなります。

だからといって、ネガティブな気持ちを邪険に扱わないことです。今の自分の本当の気持ちを教えてくれていると、感謝の心を持ちましょう。ダイエットにとって、自分の現状を知ることは大切。自分の今の体重を知らないでダイエットはできませんよね。感情も同じこと。今の自分を知り、それを認めてあげることで、初めて前向きな気持ちになれるのです。

朝起きた瞬間から脂肪燃焼エンジンを作動させる

人間のからだにおける一日のサイクルでは、からだが温まる13時頃が
脂肪燃焼のピークに相当し、脂肪が最も燃焼しやすい時間といわれています。
では、そのようなダイエットのゴールデンタイムを
もっと早めることができたとしたらどうでしょう？
朝起きた瞬間から、脂肪燃焼エンジンを作動させる簡単な方法があります。

布団の中で骨盤スイッチ

枕を骨盤の下に置き、
ベッドの中で大きく伸びをしてください。
からだがほぐれ、骨盤も正しい位置に戻ります。
血流がよくなるので、代謝アップも期待できますよ。

消化を高める魔法の４つのツボ

1 胃の働きをよくするツボ
……おへそから指４本分、上の位置

2 全身のだるさやデトックス
……1のツボと同じ高さで、左右に指４本分の位置

3 脂肪燃焼作用、代謝アップに
……おへそから指４本、下の位置

4 便秘・下痢の改善に
……3のツボと同じ高さで、左右に指４本分の位置

ベッドの中で横になっている時は、
脂肪が横に流れ、ツボに指が入りやすくなります。

内臓を目覚めさせる10秒

なんと、びっくりするほど簡単です。
その場でジャンプ10回！
ジャンプをすることで、
内臓の位置が正常な場所に戻ります。

以上が簡単エンジンモードのための３つのステップです。
これを毎朝行えば、朝の準備中に体が温まり、
通勤通学時には脂肪燃焼が始まります。
全部やってもわずか３分ですから、ぜひ習慣にしてみてください。

9章 やせるためのマインドリセット

それでもやせられない（と思っている）あなたへ

からだと意識の両方が整うことで、ダイエットは成功します。

ここまで、からだは整っていてもやせられない人のために、部屋のお片づけを通して意識改革を促すことにより、やせられるメソッドをお伝えしてきました。

お片付けをしたのにやせられなかった、という人もなかにはいるかもしれません。私のお客様にもいました。そんな人に私は「その○○はあなたにとって本当に必要ですか」と敢えて問うことにしています。○○に入る物は人によって違います。

例をあげて説明しましょう。48歳のSさんは素敵なご家族にも恵まれた美しい女性でした。彼女は私に言われた通りのことは全て行ったのにもかかわらず、体重が当初の54kgから1、2kgしか減りませんでした。

私は原因を突き止めようと、いつもより長めにカウンセリングを行いました。すると20代の頃、今よりも10kgもやせていた彼女はママ友のいじめにあっていたことを打ち明けてくれたのです。もとより美人の彼女はスリムでさらに魅力的だったのでしょう、その魅力がママ友の嫉妬の対象になったようでした。会えば明るく挨拶される仲だったので傍目にはわからない、けれども事あるごとに彼女一人だけが誘われない――そんな陰湿ないじめに再びあうのが怖い――そんな無意識の感情が、やせようという彼女にブレーキをかけている、私はそのように判断しました。

そこで私は彼女に尋ねました。「もしSさんが再びとても綺麗になれたとして、そんなあなたを無視する友達は10年先も必要ですか」

「いいえ！　一人褒めてくれるお友達がいればいい！」と、Sさんははっと悟ったようでした。その後、Sさんはスムーズに4kgやせたのです。

彼女の場合、「その○○は本当に必要ですか」の○○に当てはまるのが「嫉妬深い意地悪な友達」でした。

もう一つの例は、お片付けをしてもらったわけではありませんが、電話カウンセリングをした女子高生の例です。彼女はあと5kgどうしてもやせたいのだと言います。聞けば体重は50kg。すでに理想体重52kgを切っており、生理も1年間止まっていました。これ以上やせるのは危険な状態です。しかし私はこういう時、すぐに「これ以上、ダイエットするのはやめた方がいいですよ」とは言いません。とりあえず毎日何を食べているのか聞きました。すると「生ハム一枚」だと言うのです。毎日生ハム一枚だけで生活している彼女がどうしてもやせたい理由は、「友達にハブられる（仲間はずれにされる）から」というものでした。友達はみなモデル体型をしている、というのです。

私はその言葉を受けて、次のように質問しました。

「もし、お友達のなかで太った子がいたら、あなたは仲間はずれにしますか」。

すると彼女は答えました。「私はそんな理由で仲間はずれにはしたくない」と。

「たとえ太っていようとも、またどんな状態であっても一緒にいてくれるのが友達。そんな友達を大切にしてくださいね」と私が声をかけると彼女は電話口で泣き出し、これ以上危険なダイエットはしないと約束してくれました。彼女の場合、「あなたにとって○○は本当に必要ですか」の○○は「これ以上のダイエット」あるいは、「やせていないとハブる人たち」ということになるでしょう。

「やせられない」（と思っている）人のなかには、過去の辛い経験がダイエットの足かせとなっている場合があります。過去に辛い経験がない人は大概マッサージややせる部屋メソッドだけでやせていきます。

いずれにせよ「やせられない」（と思っている）人は一度、「私にとってその○○は本当に必要か」ということを一歩下がって冷静な目で自分に問い直してほしいのです。

そして運動、食事療法、お片付け……あなたがこれまで頑張ってきたことを思い返してください。そして頑張った自分、それによって目標体重には届かなかったかもしれないけれど2kgでも3kgでも減った自分を、褒めてあげてほしいのです。

お片づけをする前と後の自分を比べてみてください。大きく変わっているはずです。

私のもとに通っていた3ヶ月では大幅に体重を落とせなかったお客様からも、「イライラしなくなった」とか「ご主人が『最近穏やかになったね』と褒めてくれた」なんていう声を実際聞いてきました。自分が頑張ってきたこと、成長できたこと、小さくても素敵な変化を認めてあげる——すると不思議、なんだか自分のことが好きになってくるのです。頑張屋さんは、5kg減っても自分を褒めないので、もっともっとと、目標がエンドレスになってしまうのです。これではいつまでも幸せは訪れません。

自分を褒め、満ち足りた気分で日々過ごすことで最終的にダイエットは成功します。3ヶ月間では目標に届かなくても、卒業後もメソッドを守り続けてくださったお客様からは、「その後やせました」というお便りを多くいただいています。

「やせられない」(と思っている)人も、これまでのことを思い出しながら、もう一度マインドリセットしてみましょう。

さらにそれが毎日の習慣になるような、そしていつかやせることも含めて健康的で満ち足りた生活に結びついてくれるようなヒントを、最後に伝授しましょう。

やせる部屋は理想の自分になれる思考をつくる

世間では、夢を叶える成功者の思考とダイエットに成功する思考は同じだといわれています。私は今までたくさんの人のダイエットや美容のサポートをしてきましたが、確かに両者には多くの重なった部分があるように感じられます。

夢を叶える人は、言葉も考え方もポジティブで行動力があるとよくいわれていますね。実際に私が出会った成功者の皆さんもその通りで、ずば抜けて前向きな人が多いのは確かです。

だからといって、そのような人たちがみんな健康的にやせているかというとそうでもありません。

どんなに前向きな思考をしているように見える人たちでも、以前に失敗したことに対しては、潜在意識の中で、「以前も失敗したし、今回もうまくいかないだろうな」と、どこかで諦めてしまっているところがあるのです。特にダイエットに関しては、多くの人がそのような思いを抱えているように感じています。

そして、「どうせ私はやせないから」、「両親が太っているから私もきっと遺伝で太っているのよ」、「私は意志が弱いからどうせ続かないし」と言葉や思考で自分のことを太るように暗示してしまっているのです。

一方、ダイエットに成功する人は、言葉も考え方もポジティブであることに変わりはないのですが、加えて自分自身のイメージ、私は「セルフイメージ」と呼んでいますが、このセルフイメージも非常にポジティブな人が多いのです。

判断、選択などの思考を司る顕在意識は、消化、血液循環をも司る潜在意識に大きく影響を受けています。さらに潜在意識は意識全体の9割を占めるといわれ、結果的に実際の行動に影響するのは、顕在意識よりも潜在意識であるといわれています。

ダイエットを邪魔する潜在意識からのネガティブな暗示を解き、前向きな思考ができるようにするメソッドが、今までお伝えしてきたやせる部屋でした。

やせる部屋に加えて、さらに前向きな思考を維持し、かつセルフイメージを高められる生活上のルールを3つご紹介しましょう。

この3つはどれも簡単にできますし、ダイエットにだけでなくあなたを内面から素敵な女性へとステップアップさせるのにも役立ちます。ぜひ習慣にしてください。

1　私は〇〇になる！　と言い切る

言い切りの言葉を使うと、そうなった自分を頭の中で、嫌でも想像できませんか。私はこうなる！　と決めたらその自分をイメージする。そして、そうなれたらきっとこうするというのをさらに思い描いたり、書き出したりしてほしいのです。

きっとワクワクしながら、考えたり書いたりできるでしょう。と同時に今の自分とのギャップにがっかりしてしまうこともあるでしょう。

ですが、そのギャップこそ理想を現実にする力を秘めているのです。

脳には隙間を埋めようと努力する働きがあります。

今が0％で、理想の姿が100％だとすると、その空間を埋めようと、脳はフル回転でその方法を見つけ出そうとします。

差があればあるほど、よいのです。差が大きければ、脳はそれを「ハードルの高いタスク」と判断し、より回転数をあげるからです。

いつもは目にとまらないテレビや雑誌のダイエット情報が目にとびこんできたり、ダイエットに成功したお友達と会おうと思い立ち、上手に成功体験を聞き出せたりと、理想を叶えるために脳が必死で働いてくれるのです。

これは私自身も経験済みです。

エステの専門学校へも行かず、全くの未経験で、20歳の時にエステティシャンになりました。エステには、それぞれのエステティシャンに売上目標があります。新人の私は月105万円。新人なので当然、営業経験もありません。達成するのはとてもじゃないけれど、不可能だと思っていました。しかし当時の上司から「売上はお客様からの成績表。お客様にどうしたら満足していただけるかを常に考えていきましょう。できると思えばできます」と言われたのです。

その言葉を聞いて「私は未経験だけど、売上目標を達成する」と決めました。そんな私の決意をサポートするかのように、テレビや本、友達との会話の中から接客のヒントを得て、実際に試していきました。

脳はそうなると決めたら、そのための情報を必死に探してくれるのです。実際に、私はその月の売上目標を実現できたのでした。

2 自分が好きになれるダイエット方法に挑戦する

脳が探し出した情報の中から、「これならできそう」という自分の気持ちが向くものに挑戦してみてください。ここが重要です。

友達がその方法でやせたから挑戦するのではなく、自分がそのダイエット方法を聞いてワクワクする、楽しそう、と感じたものを選択すると成功する確率がぐっと高くなります。

この選択を間違えて、自分の感情が嫌がっているのに、心の声を無視して続けてしまい、負のスパイラルに陥ってしまっている人はたくさんいます。

自分にできそうなことで、好きになれそうな方法を選ぶという発想自体がダイエット成功の秘訣なのです。

この本を手にとってくださったあなたは、やせる部屋という方法にときめいて、読んでくれたのかもしれません。どんなダイエットに対しても、ときめきを大事にしましょうね。

3　いいことがあったら心からそしてちょっと大げさに喜ぶ

これはダイエットに関することだけではありません。日常生活のどんな些細なことにも心から大げさに喜んでみてください。

脳は主語がわからないので、ダイエットもうまくいっていると勘違いして、からだに指令を出します。いちいち「ダイエットが全然うまくいかないの」なんて言わなくてもいいのです。

うまくいっていることがない時でも、ありがたいなと思うことを探してみましょう。「ありがたい」という感謝の気持ちにひたることで、心が満たされ、イライラしていたとしても穏やかな気持ちに戻れます。

それだけで暴飲暴食も少なくなってきますよ。

私がサポートしている彼女たちにも、なかなか体重が落ちない時は、身の周りの幸せを探してもらい、食事のメニューと一緒にメールに書いて送ってもらうことにしています。

「今日は私が寝ていたら、次男がふとんをかけてくれた」
「いつもより少しだけ遅れて会社に行ったら同僚が気にかけてくれた」
「今日は、道端に綺麗な花を見つけた」
「母がわざわざお弁当をつくって届けてくれた」
「今日はいつもより10分多く休憩をもらえた」
「こうしてご飯が食べられるのも農家の方が一生懸命つくって下さったから」

「今日は久しぶりの雨だったから部屋をきれいに片づけできた」

小さくてもたくさん、感謝の気持ちを見つけることが幸せを感じる第一歩です。


以上で紹介した3つの方法は、ダイエットをしていてもストレスがないように、生活する秘訣でもあります。ダイエットのいちばんの大敵はストレスなのです。すでに何度かお話ししてきましたが、イライラしている時の暴飲暴食には理由があります。

セロトニンという幸せホルモンは別名「やせるホルモン」とも呼ばれています。

このセロトニンが体内に十分につくられていれば、適量の食事で満腹感や満足感を感じさせてくれるのですが、体内のセロトニンが少なくなっているとどんなに食べても満たされず、つい暴飲暴食してしまい、結果太ってしまうのです。

この「やせるホルモン」であるセロトニンは、ストレスを感じていると、悲しいことにどんどんと減っていってしまうのです。

穏やかな気持ちで過ごすことで、セロトニンを増やせるような体内環境をつくっていきましょう。

そして、この3つを続けることでセルフイメージをアップさせることもできます。

セルフイメージがあがると、その変化はまず会話に表れます。

「可愛くなったね」と声をかけられた時に「ありがとうございます」と、褒められた言葉を素直に肯定できるようになるのです。

私の愛するクライアントたちも最初のうちは、「いえいえ、私なんて」「そんなことないですよ」と謙虚に答えます。

それがサポートも終わりに近づくと、「ありがとうございます。理恵さんだけではなく、主人にも会社の人にも『可愛くなったね』って言われるの。あはは」と大変身を遂げていきます。

その素敵な笑顔を見ることが私のエネルギー源になっています。

やせて美しくなるだけでなく、内面から美しい女性へと、本来のあなたを取り戻しましょう。

ここまで本を読んでくださったあなたへ私からの応援メッセージです。

「やせても、やせなかったとしても、今のあなたは美しく素晴らしい」

やせる部屋メソッドまとめ

クローゼット

□ クローゼットはひと目で何があるかわかるように
□「似合う」と言われた物は残す
□ 高価なものほど普段使いに
□ 月に一度、全て洋服を出してほこりやちりのお掃除
□ 香水を洋服につけて満腹中枢を刺激する

玄関

□ 玄関には靴を置かない
□ 一日履いた靴は下駄箱に仕舞う
□ 下駄箱は2割のスペースをつくる
□ 使った傘は玄関に置かない

ベランダ

□ 物はなるべく置かず、掃除を小まめにする
□ 毎朝窓を開ける　□ 夜は窓を開けない

トイレ

□ トイレカバー・マット類は使わない
□ 炭を置いて消臭・浄化する
□ 憧れの写真を飾る　□ 観葉植物を飾る

お風呂

□ シャンプーやリンスは使うボトルだけを置く
□ 美容グッズは置かない　□ 排水口を綺麗にする
□ 疲れたら入浴時にキャンドルを灯す
□ マイナス思考をしない

廊下

□玄関からリビングまでは、物を置かない

キッチン

□キッチンの収納にも2割の空間
□調理器具は1～2種類にする
□食器も本当に使う物だけにする
□コンロを綺麗にするとイライラが消える
□蛇口の向きに気をつける

冷蔵庫

□賞味期限切れを処分する
□冷蔵庫の中の物を全て出して拭き掃除
□冷蔵庫にも冷凍庫にも4割ほどスペースをつくる
□発酵食品のスペースをつくる
□野菜は5種類をいつも常備する

リビング

□いちばん滞在する場所の半径1mを片づける
□リビングに植物を飾る
□自分のお気に入りのパワースポットをつくる
□食事中はテレビのスイッチを切る

床

□重曹で床を拭く
□スリッパも綺麗にする
□粗塩をひいて掃除機で吸い取る

寝室

□シーツの素材にこだわる
□アロマで嗅覚から全身を癒す
□ベッドの近くにも植物を置く
□寝る前の思考を整える

やせる部屋

2017年7月28日　第1刷発行

著者　清水理恵

発行者　土井尚道

発行所　株式会社飛鳥新社

〒101-0003
東京都千代田区一ツ橋2-4-3 光文恒産ビル
電話（営業）03-3263-7770
　　（編集）03-3263-7773
http://www.asukashinsha.co.jp

印刷・製本　中央精版印刷株式会社

ISBN 978-4-86410-561-3

写真　下地成浩
デザイン　仲島綾乃
編集協力　伊藤明子（オフィス・モザイク）
撮影協力　中川家
編集担当　宮崎綾

清水理恵　しみずりえ

「好きなものを食べてもやせる」を信条にしたサポートで、全国各地の女性から信頼を得るダイエットアドバイザー。

2000年にエステサロン「㈱イーズ・インターナショナル」に入社、2005年には店長に就任。2000年から2017年現在まで、2万人以上の女性のからだと向き合い、皮膚学、栄養学、大脳生理学、ホルモン学だけでなく、コーチング、エニアグラムなどの心理学を学ぶ。2007年28歳の頃、女性のからだと生活にあわせて、無理なく行なえるダイエットメソッドを確立し、自らも実践。最大体重60kgから13kg減量した体型を現在も維持している。

2014年に独立してからは、ダイエットに悩む女性に向けて、カウンセリングやセミナーをおこない、ダイエット情報を紹介するメールマガジンは、現在5300名以上もの読者が配信を心待ちにしている。

最強美人
http://saikyoubijin.com/